21世纪经济管理新形态教材·工商管理系列

# 大数据财务分析
## 基于Power BI商业智能分析实战

周 颉 尹 媛 ◎ 主 编
陈浏伟 卢 洁 彭梓琪 ◎ 副主编

清华大学出版社
北京

## 内 容 简 介

本书对标财务分析岗位，以岗位需求为目标，按照企业真实的业务场景，选取 16 个项目，对上市公司会计报表、盈利、营运、发展及偿债能力展开财务分析。同时，在对重要科目分项进行分析的基础上，运用沃尔评分法、杜邦分析法对企业财务状况、经营成果和经营风险进行综合评价，并撰写分析报告。

本书以"基础为主、实用为先、专业结合"为基本原则，基于财务数据分析相关岗位的职业能力要求，在讲解 Power BI 技术知识的同时，结合财务分析的基本理论，合乎逻辑地、一层一层地"剖析"各种财务报告数据，通过低代码的工具编程建模，开发适应不同企业经营环境的数据分析模型，便于将数据转化为对决策有用的信息，能对企业财务状况与经营状况作出评价，提出合理化建议。

本书将"任务驱动"贯穿于财会职业能力培养的始终，通过任务引入相应的知识点，将各种操作技巧穿插在学生学习的过程中，体现了教、学、做相结合的教学模式。

本书封面贴有清华大学出版社防伪标签，无标签者不得销售。
版权所有，侵权必究。举报：010-62782989，beiqinquan@tup.tsinghua.edu.cn

图书在版编目(CIP)数据

大数据财务分析：基于 Power BI 商业智能分析实战/周颉，尹媛主编. —北京：清华大学出版社，2024.2
(2025.2重印)
21 世纪经济管理新形态教材. 工商管理系列
ISBN 978-7-302-65343-1

Ⅰ. ①大… Ⅱ. ①周… ②尹… Ⅲ. ①会计分析–可视化软件–高等学校–教材 Ⅳ. ①F231.2-39

中国国家版本馆 CIP 数据核字(2024)第 018852 号

责任编辑：付潭娇
封面设计：汉风唐韵
责任校对：宋玉莲
责任印制：曹婉颖

出版发行：清华大学出版社
网　　址：https://www.tup.com.cn，https://www.wqxuetang.com
地　　址：北京清华大学学研大厦 A 座　　邮　编：100084
社 总 机：010-83470000　　邮　购：010-62786544
投稿与读者服务：010-62776969，c-service@tup.tsinghua.edu.cn
质 量 反 馈：010-62772015，zhiliang@tup.tsinghua.edu.cn
课 件 下 载：https://www.tup.com.cn，010-83470332
印 装 者：北京鑫海金澳胶印有限公司
经　　销：全国新华书店
开　　本：185mm×260mm　　印　张：11.75　　字　数：276 千字
版　　次：2024 年 2 月第 1 版　　印　次：2025 年 2 月第 2 次印刷
定　　价：49.00 元

产品编号：103197-01

在大数据时代，企业财务数字化转型工作深入推进，推动了企业经营和业务流程的数字化。财务数字化工作推动了财务组织变革，为了满足数智化财务时代对财务人员转型的迫切需求，厦门网中网软件有限公司开发了大数据财务分析教学平台，将商业智能（BI）工具应用于上市公司财务分析体系。

编者依托大数据财务分析平台，编写了此书。本书以上市公司公开的财务数据为核心，采用工作过程系统化学习情境设计，以财务数据分析岗位需求为目标，按照企业业务场景划分不同的工作任务，在讲解BI技术知识的同时，结合财务分析基本理论框架，合乎逻辑地、一层一层地"剖析"各种财务报告数据，让读者快速上手财务数据分析及可视化。

本书是校企合作"双元"开发教材，"应用型"特色鲜明，突出技能训练，注重项目实践，强化学生实际动手能力的培养；遵循"职业认知—知识拓展—技能实践—素质养成"的主线，有序地安排教学内容，将诚信文化、工匠精神和廉洁守法纳入评价体系，引导学生在掌握专业技能的同时树立正确的价值观。

本书提供了丰富的教学资源，包括教案、课程标准、操作视频、Power BI安装程序、案例数据源、案例源程序、多行业数据源等，有效推进了大数据技术与财会专业的深度融合，满足专业学习多样化、个性化的需求。

本书由周颉、尹媛担任主编，陈浏伟、卢洁、彭梓琪担任副主编，厦门网中网软件有限公司组编，周颉负责本书的统稿与审核定稿工作。甘泗群、刘蓉、冯希敏、王蒙也参与本书部分章节的编写工作。本教材在编写过程中得到了众多院校专家、企业专家的大力支持，在此表示衷心感谢！

由于编者水平有限，书中难免存在疏漏之处，敬请广大读者批评指正！

编　者

2023年9月

**模块一　认识大数据财务分析** ·············································· 1

　　任务一　财务分析认知 ·············································· 1
　　任务二　了解大数据 ················································ 3
　　任务三　大数据时代财务分析特点 ···································· 5

**模块二　Power BI 数据处理实践** ············································ 8

　　任务一　Power BI 获取数据源 ······································· 9
　　任务二　理解 Power Query 查询编辑器和 M 语言 ···················· 10
　　任务三　报表数据清洗 ············································· 14
　　任务四　辅助报表的制作 ··········································· 19
　　任务五　Power BI 数据建模 ······································· 22

**模块三　搭建财务分析框架** ················································ 29

　　任务一　财务分析准备工作 ········································· 29
　　任务二　搭建财务分析框架 ········································· 33

**模块四　资产负债表分析** ·················································· 38

　　任务一　资产负债表垂直分析 ······································· 38
　　任务二　资产负债表水平分析 ······································· 44

**模块五　利润表分析** ······················································ 51

　　任务一　利润表结构分析 ··········································· 51
　　任务二　利润表垂直分析 ··········································· 56
　　任务三　利润表水平分析 ··········································· 58

**模块六　存货项目分析** ···················································· 65

　　任务一　存货的结构分析 ··········································· 65

| 任务二 | 存货趋势分析 | 69 |
| 任务三 | 存货管理效率分析 | 70 |

## 模块七　现金流量表分析　75

| 任务一 | 现金流量表垂直分析 | 75 |
| 任务二 | 现金流量表水平分析 | 79 |

## 模块八　收入项目分析　84

| 任务一 | 收入的结构和趋势分析 | 84 |
| 任务二 | 盈利能力及收入真实性分析 | 89 |

## 模块九　应收账款项目分析　94

| 任务一 | 应收账款账龄分析 | 94 |
| 任务二 | 应收账款规模及变动情况分析 | 97 |

## 模块十　货币资金项目分析　103

| 任务一 | 货币资金的结构分析 | 103 |
| 任务二 | 货币资金趋势分析 | 108 |

## 模块十一　盈利能力分析　112

| 任务一 | 商品经营盈利能力分析 | 112 |
| 任务二 | 资本盈利能力分析 | 115 |
| 任务三 | 资产盈利能力分析 | 117 |

## 模块十二　营运能力分析　127

| 任务一 | 流动资产周转效率分析 | 127 |
| 任务二 | 固定资产和总资产营运能力分析 | 135 |

## 模块十三　发展能力分析　140

| 任务一 | 营业收入与净利润增长分析 | 140 |
| 任务二 | 资产与资本增长分析 | 143 |

## 模块十四　偿债能力分析　149

| 任务一 | 短期偿债能力分析 | 149 |

任务二　长期偿债能力分析 ······················································· 157

**模块十五　财务综合能力分析** ··················································· 165
　　任务一　杜邦分析体系 ····························································· 165
　　任务二　综合指数法 ································································ 170

**模块十六　撰写财务分析报告** ····················································· 175
　　任务一　认识大数据财务分析报告 ············································· 175
　　任务二　撰写财务大数据分析报告 ············································· 177

**主要参考文献** ········································································· 179

# 模块一 认识大数据财务分析

 **知识目标**

1. 掌握财务分析的基本概念、内容
2. 了解大数据概念及发展应用
3. 理解大数据在财务分析中的作用

 **能力目标**

1. 掌握财务分析的基本理论和分析方法
2. 能够正确选择合适的大数据分析工具

 **素养目标**

1. 遵循会计职业道德，保持职业操守，客观严谨地对待财务分析工作
2. 具备应用大数据工具的意识
3. 具备复合型人才知识结构

## 任务一 财务分析认知

 **任务情境**

财务分析是企业合理进行决策判断的重要手段。财务分析既有利于判断企业当前的财务状况、经营成果，又可以帮助企业规避未来生产经营中的风险，判断未来发展方向，为企业经营者投资决策提供数据支持，实现企业经营目标。

 **任务描述**

明确财务报表分析的基本概念；了解不同使用者对财务报表使用的信息需求；掌握企业财务分析的具体内容、分析方法，以及现有财务报表分析的局限及应对策略。

 **知识预备**

## 一、财务分析的概念

财务分析,是指会计报表使用者以企业财务报告及其他数据资料信息为依据,采用合适的财务分析方法系统分析和评价企业过去和现在的财务状况及经营成果,预测企业未来发展趋势,为做出正确的决策提供依据的一项经济管理活动。财务分析肩负着企业管理决策的重任,充分认识会计信息质量,深度挖掘会计信息资源,能够加强企业经营管理,提升企业竞争力,为企业长期可持续发展提供有利条件。

财务分析的基础是企业的财务会计报告。财务会计报告是企业向财务会计报告使用者提供与企业财务状况、经营成果和现金流量等相关的会计信息,包括"四表一注一说明",即资产负债表、利润表、现金流量表、所有者权益表、报表附注和财务情况说明书。

财务分析不仅是对财务报表的解读,更是对财务数据的分析对比,通过横向、纵向等多维度的数据挖掘,明晰各个数据背后的动因。基本的财务分析指标包括盈利能力、营运能力、偿债能力、发债能力等。盈利能力主要反映企业的盈利状况,包括营业利润率、成本费用利润率、净资产收益率(ROE)、总资产收益率(ROA)等,通常数值越高,表明企业的盈利能力越强;营运能力用于总结和评价企业的货物周转能力、资金周转能力等营运状况指标,包括总资产周转率、应收账款周转率、存货周转天数等,周转速度越快,企业的变现和转换能力越强;偿债能力用来衡量企业偿还到期债务的能力,分为短期偿债能力和长期偿债能力,包括流动比率、速动比率、利息保障倍数等,企业偿还债务的能力越强,财务风险越低;发债能力是指企业的成长性,常用指标为营业收入增长率、资本积累率等,企业增长速度越快,表明企业的市场前景越好。

## 二、财务分析的主体和目的

财务报表分析的主体是与企业利益存在现实或潜在关系的组织或个人,大致与财务报表的使用者相同。不同的组织或个人出于不同的目的,对企业财务信息也有不同的目的。

①企业经营管理者。企业的经营管理者接受企业所有人的委托,对企业进行有效的经营决策。通过财务分析,经营管理者能够及时了解生产销售过程中的问题,及时采取有效的管理和控制措施,调整资源配置,增强竞争力,使其稳步向前发展。

②职工。企业职工是与企业签订劳务合同的人员。职工通常与企业存在长期持续的关系,通过财务分析,职工能够了解企业的经营状况,判断企业是否能够长期发展,涉及职工福利是否能够按期兑现。

③企业投资者。企业的投资人是企业经营结果的最终承担者。通过财务分析,企业投资人会了解到企业的盈利能力、营运能力等,了解企业在行业中的竞争力,有助于其判断自身利益是否能长期实现。

④企业债权人。企业的债权人是向企业出让资金或其他资产使用权的法人或自然人。通过财务分析,企业债权人能够了解到企业的偿债能力和资本结构信息,判断是否能够

按期收回本金和利息,确保其债券的安全。

⑤注会或审计人员。注册会计师或审计人员是独立于企业之外的第三方。通过财务分析,其能够快速了解企业,判断审计重点,对财务报表的真实性、可靠性等进行分析和判断,出具可靠的审计结论。

⑥政府机构等。政府机构包括税务、工商、财政等对企业具有监管职能的机构。通过财务分析,政府机构能够履行自身职责,判断企业是否存在违法、浪费国家资源等行为,监督企业遵守法律法规。

### 三、财务分析基本方法

根据不同的比较对象,财务分析可以采取不同的分析方法。综合运用财务分析方法,才能更好地对经济活动进行分析,更准确地反映企业经营成果,为企业经济决策奠定基础。

①趋势分析法。趋势分析法是根据企业连续几年或几个时期的分析资料,运用指数或完成率的计算,确定分析期各有关项目的变动情况和趋势的财务分析方法。

②水平分析法。水平分析法是将企业报告期财务状况的信息(特别是会计报表信息资料)与反映前期财务状况的信息进行对比,研究企业各项财务状况或经营业绩发展变动情况的一种财务分析方法。

③垂直分析法。也叫结构分析法。通过计算报表中各项目占总体的比重或结构,反映报表中的项目与总体关系情况及其变动情况的基本财务分析方法。这种方法一般通过计算构成比率来进行分析。

④比率分析法。比率分析法是财务分析中最基本、最重要的分析方法,也是运用最广泛的一种方法。它是将某些存在关联的项目加以对比,根据财务报表中的两个或多个项目之间的关系计算其比率,用以评价企业的财务状况和经营业绩,据以确定经济活动变动程度的分析方法。

⑤对比分析法。是将会计报表中的某些项目或财务指标与另外的相关资料相对比,以说明、评价企业的财务状况、经营业绩的一种常用的财务分析方法。

⑥因素分析法。是根据分析指标与其影响因素之间的关系,按照一定的程序和方法,确定各因素对分析指标差异影响程度的一种分析方法。

# 任务二　　了解大数据

科技水平日益提升带动了大数据的发展,大数据技术日益成为经济社会发展的重要驱动。财务分析作为财会工作中至关重要的一环,大数据技术与其深度融合,能够实现高效高质完成工作,全方位、多方面挖掘数据价值,实现企业资源的合理化配置与利用。了解大数据有助于奠定数据思维的基础,在财会分析工作中更好地利用大数据技术。

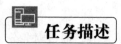 **任务描述**

了解大数据的基本特征及每个特征的含义、大数据在数据科技时代的战略意义,以及大数据在行业及居民生活中的应用,培养共享与协同创新等方面的"数据素养"。

 **知识预备**

### 一、大数据的特征

在信息化高速发展的时代,大数据逐渐形成其独有的特征,通常被概括为"4V",包括:

(1)大量(volume)。日常生活中所有人的任何行为都在随时随地产生数据,全球每年大约能产生 5 万亿 GB 的数据。大数据不再以 GB 或 TB 为单位来衡量,而是以 PB、EB、ZB 为主要计量单位。

(2)高速(velocity)。所谓高速,是指对大数据处理的要求,大数据处理如今基本以"秒"为单位,并且随着分布式科技的发展,处理速度会越来越快。

(3)多样(variety)。数据呈现方式是多样的,包括图片、视频、声音、文件等。据 IDC 的调查报告显示,企业中 80% 的数据都是非结构化数据,这些数据每年按指数增长 60%。

(4)低价值密度(value)。所谓低价值密度,是指用户需要从海量的数据中挖掘出有用的数据。而这些重要的数据在海量的数据库中占比非常低。

### 二、大数据的意义

现在社会是一个高速发展的社会,科技发达,信息流通,人们之间的交流越来越密切,生活也越来越方便,大数据就是这个高科技时代的产物。未来时代将不是 IT 时代,而是 DT 时代,DT 就是 Date Technology 数据科技。

大数据的战略意义并不在于它庞大的数据信息,而在于对这些含有意义的数据进行专业化处理。换言之,如果把大数据比作一种产业,那么这种产业实施盈利的关键在于提高对数据的"加工"能力,通过"加工"实现数据的增值。

对于企业而言,大数据的意义主要表现在两个方面。首先,更加了解客户,大数据通过不同的算法,根据用户的偏好提供针对性的服务,以此提高盈利。其次,更加了解自己,企业生产经营所产生的大量数据资源有利于经营者更加直观地了解企业的运作状态,实时调整运营策略。

### 三、大数据的应用

①大数据的应用提高了行业数据化水平。党的十八大以来,工业、农业、服务业等行业积极发展各自领域数据化应用:工业大数据创新应用,市场规模连年上升;农业大数据覆盖各个环节,既能为生产种植提供建议,又能够预测农产品生产需求,辅助农业决策,

达到规避风险、增产增收的目的；服务业大数据帮助服务型企业更好地进行服务行业市场定位，实现基础业务优化升级，另外同 5G、区块链等技术一同催生了数字经济的发展，扩大了我国数字产业化与产业数字化的规模。截至 2021 年，我国大数据产业规模突破 1.3 万亿，大数据的产业链初步形成。

②大数据的应用提升了居民的生活幸福感。大数据技术的应用体现在居民生活的方方面面。例如，网上一体化政务服务平台的建设简化了办事流程；医疗大数据的应用为患者居民就医提供了更多的科学参考；交通大数据将公共交通到站信息、地面交通拥堵情况等信息打通，降低了城市拥堵率，提升了居民出行便利程度。

# 任务三　大数据时代财务分析特点

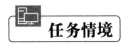

对于财务工作人员来说，智能财务背景下的财务大数据更细致、更多维、更多元，可进一步保证财务数据的可追溯性、可分析性。财务人员需要建立财务大数据分析体系，将基础数据变成有价值的信息，提炼帮助企业战略决策的情报，使其成为真正有价值的企业数字资产。

## 任务描述

了解大数据时代财务分析的特点，认识大数据时代下财务分析面临的机遇与挑战，进一步提升大数据技术在财务分析中的应用效果。

互联网的高速发展，催生了数据信息收集技术的更新迭代。在大数据时代背景下，财务分析与大数据技术的结合，为财务分析的转型升级带来了机遇和挑战。

### 一、实施效果显著增强

传统的财务分析只能对已经发生的财务信息进行归集整理，多侧重于事后的结果分析，用以应付外部的监管与检查。在这种情形下，有效性和时效性大大降低，往往对事前、事中过程控制不足，不能有效参与企业的风险管理与经营决策。在大数据环境下，市场竞争不断加剧，财务分析实现了对过程数据的挖掘，着重对企业经济活动的事前事中进行动态管理，明晰生产经营过程中的各项有效数据，根据市场需求变化对生产和运营做出及时调整，提高企业的运营效率，实现企业在线过程控制与业务活动的绩效评估。

模块一　认识大数据财务分析

## 二、开展业财融合分析

传统的财务分析技术采取的是财务报表的形式,企业很难对财务信息进行整合并分析,效率低下。很多企业在进行财务报表整理后,将其束之高阁,未能对其进行有效分析,阻碍了信息作用的发挥。在如今这个信息化时代下,财务报表的分析也应与时俱进。大数据时代的到来致使财务数据愈加庞大,传统的财务分析日渐无法满足管理者的需求。因此,大数据时代的财务分析与大数据应用相结合,重视企业内部各个环节的信息资料,积累多维度信息,构建多样性的信息数据库,制定出科学合理的财务目标及有效的工作方法,有助于各部门的协同合作,辅助企业做出正确的财务决策。

## 三、数据分析技术升级

随着计算机技术的不断更新迭代,各个领域对数据的收集整理都有了全新的要求。传统的财务分析工具有着数据量有限、处理效率低、操作烦琐等缺陷,依靠传统的方法已然无法满足时代需求。而大数据时代的财务分析能够处理大量数据,高效稳定,时效性好且具备整合、分析、预测数据的特点。

## 四、建设大数据财务分析人才队伍

大数据时代对财务工作人员提出了全新要求。财务人员可以借助大数据时代的背景优势,全面分析财务数据,帮助企业预测和防范经营过程中可能遇到的风险。大数据时代的财务人员要在工作中充分发挥前瞻性和战略性作用,对整个企业经营生产活动有全过程全方位的宏观了解,掌握业务循环中的关键控制点,不断学习新技术,收集和整理数据信息,在数据的分析过程中预测重要的趋势,并对企业的管理者提出专业建议。

 **技能训练**

思考题:
1. 怎样理解财务分析的主要概念?
2. 大数据的基本特征有哪些?
3. 大数据技术怎样应用于企业财务分析?

📖 **资讯前沿**

财务角色将从"账房先生"向"决策军师"延伸

据中央广播电视总台经济之声《天下财经》报道,CFO(首席财务官)是企业发展的财务"大脑"。在财务行业面临深刻变革的背景下,未来的 CFO 需要储备哪些能力?第七届管理会计论坛近日在上海国家会计学院举行,来自知名跨国企业和 A 股上市公司的 CFO 与学界专家展开探讨。有观点指出,财务人员的角色将从单纯的"账房先生"向"决策军师"延伸。

**管理会计正成为企业创造价值的新力量**

上海国家会计学院院长李扣庆在接受记者采访时说,与财务会计侧重服务于外部投资者不同,管理会计主要的服务对象是企业内部的决策者。管理会计正在成为企业创造价值的新力量。

他说:"我们常说'管理会计'是为管理而服务的会计,它和财务会计相比,最重要的区别可能是在服务对象上的区别。管理会计更主要的是为企业内部的管理决策服务——比如这个新产品该不该上、这个市场该不该进、这个项目该不该做,这些决策实际上都需要得到财务分析方面的支持,这就是'管理会计'的任务。"

**提供决策信息是未来财务人员的价值所在**

在洲际酒店集团大中华区CFO涂军看来,区块链、人工智能等技术的变革让财务工作的门槛变得越来越低。这就意味着,未来财务人员更重要的价值不仅是提供财务信息,更要提供决策信息。

克劳斯玛菲中国CFO华健同样认为,将来的财务人员需要利用自己的专业知识为公司决策提供数据分析及建设性意见,帮助企业控制成本、提高效率和提升业绩。财务人员永远是业务人员的伙伴,而非监督关系。财务人员做的事情应该是如何赋能企业的发展,帮助业务人员把一个好的产品推向市场、把好的商业方案落地,让整个企业有价值的提升,让整个市场对公司的业绩感到满意,这是财务人员应该做的。

**开阔视野、专业能力、领导力是必要职业条件**

业内观点指出,年内多个行业出现高管更替潮,高管之一的CFO也正在经历近二三十年来最大的变化。

李扣庆认为,从长远来看,开阔的视野、扎实的专业能力和领导力是未来CFO必备的职业条件。"CFO作为企业高管团队的重要一员,首先,毫无疑问他要有非常开阔的视野。其次,CFO中的'F'则要求他有足够强大的专业能力,包括对资本市场的理解、对会计准则的理解、对财务处理的理解等。最后,我觉得今天任何一家企业不可能单打独斗、独善其身,一位CFO可能也没办法单打独斗、独善其身,他还需要具备带领团队的能力,就是通过努力去带领好财务团队,赋能整个企业的发展。"

(资料来源:https://www.cnr.cn/list/finance/20191120/t20191120_524865359.shtml)

**即测即练**

自学自测　扫描此码

# 模块二　Power BI数据处理实践

 **知识目标**

1. 能确定数据源并采集数据
2. 会识别数据类型并进行数据格式转换
3. 掌握数据整理清洗及标准化的方法

 **能力目标**

1. 能够利用BI商业智能分析工具进行数据采集
2. 能对导入的数据进行整理、清洗和标准化

 **素养目标**

1. 具备大数据思维和数据洞察能力
2. 培养数字化学习能力
3. 具备逻辑思维和数字化应用能力

　　数据分析是指用适当的统计分析方法对收集数据进行分析、加以汇总和理解消化，以最大化开发数据功能，发挥数据作用。数据分析是为提取有用信息和形成结论而对数据进行详细研究和概括总结的过程。数据分析的数学基础在20世纪早期确立，但直到计算机的出现才使实际操作成为可能并被推广，它是数学与计算机科学相结合的产物。

　　常见的数据分析工具包括Excel、商业智能（BI）工具等，R语言和Python语言也深受计算机工作者的喜爱。在大数据时代，随着数据驱动业务观念的普及，商业智能（BI）工具逐渐普及，它可以通过可视化这种更易于理解和传递的形式，洞察海量数据背后的业务价值，完成从数据到信息的过程，进而帮助业务做出更有效的商业决策。其中，最常见的工具就是Power BI，Power BI能实现数据分析的所有流程，包括对数据的获取、清洗、建模和可视化展示。每个人都可创建个性化仪表板，获取针对其业务的全方位独特见解。Power BI包含桌面版Power BI Desktop、在线Power BI服务和移动端Power BI应用，本书主要学习和使用Power BI Desktop。

　　应注意的是，本书尽可能从易到难选用多种方法向读者展示Power BI获取数据、清洗整理、建模与可视化，完成一份高颜值的动态交互式报表。事实上针对每一步程序，读者的使用习惯和设计思路都不同，并不局限于某一种方法或者特定步骤，读者也可选用不同

的方法，创作出更多对比公司、更长时间跨度、不同分析维度的分析报告。报告完全个性化定制，这也是自助式 BI 分析工具的魅力之一。

# 任务一　Power BI 获取数据源

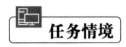

Power BI 可以从各种数据源中提取数据，并对数据进行整理分析，然后生成精美的图表，可以在电脑端和移动端与他人共享。

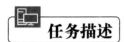

下载安装 Power BI Desktop，并从本地数据源获取数据。

## 一、下载安装 Power BI Desktop

登录微软 Power BI 主页，从产品中选择 Power BI Desktop，下载时选择高级下载选项，可以选中文版本，根据电脑的操作系统选择 32 位或者 64 位的安装包。如果是 Windows 10 及以上系统，还可以在微软 Store 里面找到 Power BI Desktop 应用直接安装。安装完成，启动后会提示用户注册登录，暂时不想注册也可以直接使用。

## 二、可用数据源类型

Power BI Desktop 可以连接到多达数百种类型的数据源，包括本地数据库、Microsoft Excel 工作簿和云服务，也可以直接从网站 URL 提取表格数据，还可以通过 XML、CSV、文本和 ODBC 连接到通用源。

## 三、建立本地数据源

本书提供的教学资源包中包含不同行业不同公司的财务报表。财务报表均从 Choice 金融终端下载。注意有时同行业公司报表格式不完全一样，一定要调整成一致。本书案例涉及医药行业三家公司智飞生物、沃森生物、康华生物的资产负债表、利润表和现金流量表，存放在本地电脑名为"300122"的文件夹中作为数据源。

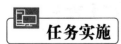

## 一、整理本地数据源

所有源数据表文件名格式需保持一致，均是"报表类型_股票代码"，源数据表是 2018—

2022 年五年来的年度普通财务报表，报表类型是"合并报表"，单位统一是"万元"。如图 2-1 所示。

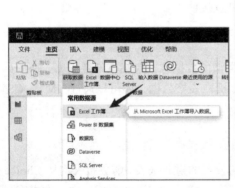

图 2-1　本地数据源

## 二、使用 Power BI Desktop 获取本地数据源

以获取智飞生物的资产负债表为例。双击 Power BI Desktop 应用程序图标，打开一个新 PBIX 文件，在主页菜单栏上单击"获取数据"—"Excel 工作簿"，表示获取的文件类型是 Excel 格式。在打开的对话框中选择"资产负债表_300122"，导航器内勾选所需的工作表"资产负债表_300122"，单击"转换数据"按钮，如图 2-2 所示，将报表在 Power Query 查询编辑器中打开。

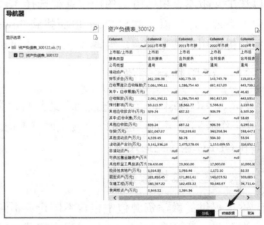

图 2-2　获取资产负债表

# 任务二　理解 Power Query 查询编辑器和 M 语言

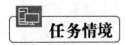

Power Query 是 Power BI 的核心组件之一，提供了包含许多功能的强大数据导入、整

理和数据清洗体验。M 语言是 Power Query 使用的函数，是一种介于函数和编程之间的语言。它的主要作用是拓展 Power Query 的功能，更自由地完成数据的导入、整理、筛选、查询、转置、合并等，最终搭建一个数据清洗或查询的模型，使复杂的数据处理自动化。

在三家同行业公司财务报表均被下载到本地并且文件格式保持一致的情况下，利用 Power Query 的数据转换功能，通过建立参数，修改参数值和 M 语言代码的方法，实现财务报表数据导入的一键切换。

## 一、Power Query 的 M 语言

M 语言是 Power Query 的后台函数式编程语言，在 Power Query 界面的操作过程都会被记录下来并翻译成 M 函数语言。在右侧应用步骤中，每一个步骤都对应着一个 M 函数，可以在编辑栏中查阅每一个操作步骤的对应 M 函数代码，如图 2-3 所示。

图 2-3　M 函数

如果要查看完整的 M 函数，可以单击主页的"高级编辑器"。此时在高级编辑器中，我们可以看到完整的 M 函数，所有的应用步骤都在语句"let"和"in"之间。并且每个应用步骤的开头，也就是等号的左边都是步骤的名称，等号的右边则是具体这个步骤执行的 M 函数，而每一个步骤的结尾都用"，"进行分割，如图 2-4 所示。

图 2-4　完整 M 函数代码

模块二　Power BI 数据处理实践

## 二、主要的 M 函数类型

M 函数有上百个类别,每个函数对字母大小写敏感,有特定的语法结构。常见的函数类型如表 2-1 所示。

表 2-1　M 函数类型

| 类型 | 功能 |
| --- | --- |
| 文件解析类 | 用于解析文件内容时使用 |
| Text 文本类型 | 用来处理文字 |
| Table 表类型 | 针对表进行的操作 |
| Record 记录类型 | 针对记录类型执行的操作 |
| List 列表类型 | 针对列表执行的操作 |
| Number 数字类型 | 数字类型的操作 |
| 日期时间类型 | 涉及时间转换或者涉及时间日期操作 |
| 其他类型 | 其他情况如财务函数等 |

## 任务实施

### 一、新建参数

在 Power Query 查询编辑器内,将"资产负债表_300122"表名称更改为"1-1 资产负债表",在主页菜单栏中单击"管理参数"—"新建参数",打开管理参数窗口,如图 2-5 所示。

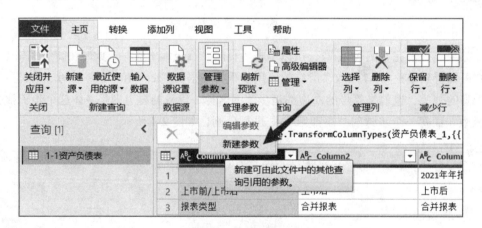

图 2-5　新建参数

将新参数命名为"code",类型是"文本类型",当前值是"300122"智飞生物的股票代码,单击确定,如图 2-6 所示。

图 2-6　管理参数

## 二、修改 M 函数代码

在查询设置中单击"1-1 资产负债表"应用的步骤第一步"源"右边的图标，打开资产负债表的路径，将 Excel 工作簿的路径更改为"高级"，将资产负债表的路径拆分成三部分，路径中的代码"300122"改为参数"code"，如图 2-7 所示。

图 2-7　数据源代码拼接

单击右侧"应用的步骤"—"导航"，修改编辑栏代码为=源{[Name="资产负债表_"& code]}[Data]，表示将公司代码"300122"替换为参数"code"，code 是一个文本类型的数据，与字符串"资产负债表_"之间用连接符"&"拼接，如图 2-8 所示。

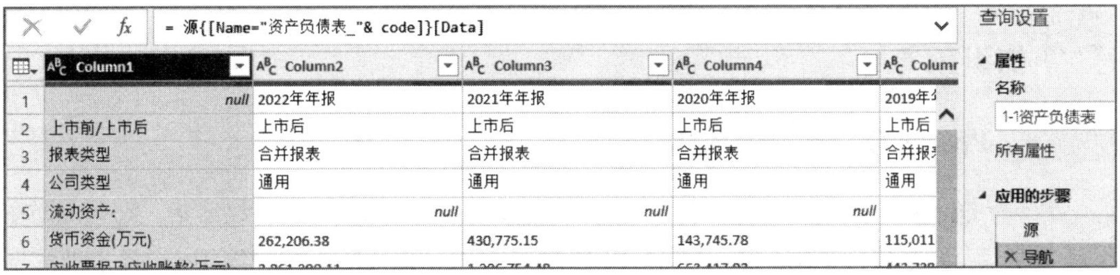

图 2-8　修改导航代码

## 三、参数替换

只要相同类型且格式完全一致的财务报表保存在本地同一文件夹路径,就可以通过修改公司代码值实现一键切换不同公司的数据源。修改参数 code 值,将 300122 替换为 300841,实现将 300841 资产负债表导入到 Power BI Desktop 中,如图 2-9 所示。

图 2-9　替换参数实现切换数据源

# 任务三　报表数据清洗

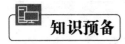

数据清洗是数据分析中的一项重要任务,是指对原始数据进行清理、校正、格式化和整理,方便后续分析和处理。数据清洗的目的是提高数据质量,以便更准确地提取有用的信息。

使用 Power BI Desktop 连接到数据源后,必须根据需要清洗整理数据,检测和纠正数据中的错误、缺失值、重复值和异常值,以及将不同格式的数据转换为一致的格式。在对数据表进行指定的步骤操作时,所有步骤都会被 Power Query 编辑器记录,在"查询设置"中的"应用的步骤"下可以按顺序查阅。

### 任务描述

导入资产负债表、利润表和现金流量表数据后,将二维表形式整理成一维表,去除不规范和冗余数据,并规范数据类型,便于下一步数据建模分析。

### 知识预备

#### 一、Power Query 中的数据类型

Power Query 中的数据类型是对值进行分类,以生成更具结构化的数据集。数据类型在字段级别定义,字段内的值设置为符合字段的数据类型。Power Query 中使用的最常见数据类型如表 2-2 所示。

表 2-2  常见数据类型

| 数据类型 | 图标 | 说明 |
|---|---|---|
| 文本 | ABC | 一个 Unicode 字符数据字符串。可以是字符串、数字或文本格式表示的日期 |
| True/False | ×✓ | True 或 False 的布尔值 |
| 十进制数 | 1.2 | 表示 64 位（8 字节）浮点数。它是最常见的数字类型，与通常认为的数字相对应 |
| 定点小数 | $ | 也称为货币类型，此数据类型具有小数分隔符的固定位置 |
| 整数 | 123 | 表示 64 位（8 字节）整数值 |
| 百分比 | % | 与十进制数字类型基本相同，用于将列中的值格式化为 Power Query 编辑器窗口中的百分比 |
| 日期/时间 | 📅 | 表示日期和时间值 |
| Date | 📅 | 仅表示日期（无时间部分） |
| 时间 | 🕐 | 仅表示时间（无日期部分） |
| 日期/时间/时区 | 🌐 | 表示具有时区偏移量的 UTC 日期/时间 |
| 二进制 | ≣ | 二进制数据类型可用于表示具有二进制格式的任何其他数据 |
| 任意 | ABC 123 | Any 数据类型是提供给没有显式数据类型定义的列的状态 |

## 二、一维表与二维表

### 1. 二维表

二维表是以行和列的方式排列信息的表格。它的整体结构由列、行、表头和单元格组成。二维表可以用来存储和呈现数据，也可以用于复杂的分析和可视化。如图 2-10 所示的需要行和列来定位数值的表，称为二维表。

| | Column1 | 2022年年报 | 2021年年报 | 2020年年报 |
|---|---|---|---|---|
| 1 | 上市前/上市后 | 上市后 | 上市后 | 上市后 |
| 2 | 报表类型 | 合并报表 | 合并报表 | 合并报表 |
| 3 | 公司类型 | 通用 | 通用 | 通用 |
| 4 | 流动资产: | null | null | null |
| 5 | 货币资金(万元) | 262,206.38 | 430,775.15 | 143,745.78 |
| 6 | 应收票据及应收账款(万元) | 2,061,390.11 | 1,286,754.40 | 662,417.03 |
| 7 | 其中:应收票据(万元) | null | null | null |
| 8 | 应收账款(万元) | 2,061,390.11 | 1,286,754.40 | 662,417.03 |
| 9 | 预付款项(万元) | 10,313.97 | 18,562.77 | 5,566.91 |
| 10 | 其他应收款合计(万元) | 839.24 | 687.32 | 906.59 |

图 2-10  二维表

### 2. 一维表

一维表是由属性和值组成的表。属性也称维度，一维表可以由多个属性（维度）和多个值组成。一维表的每一行都是完整的记录，数据属性并不需要列标题来定义说明。如图 2-11 所示仅靠单行就能锁定全部信息的表，称为一维表。

| 项目 | 年度 | 值 |
|---|---|---|
| 货币资金(万元) | 2022 | 262206.38 |
| 货币资金(万元) | 2021 | 430775.15 |
| 货币资金(万元) | 2020 | 143745.78 |
| 货币资金(万元) | 2019 | 115011.41 |
| 货币资金(万元) | 2018 | 76943.47 |
| 应收票据及应收账款(万元) | 2022 | 2061390.11 |
| 应收票据及应收账款(万元) | 2021 | 1286754.4 |
| 应收票据及应收账款(万元) | 2020 | 662417.03 |
| 应收票据及应收账款(万元) | 2019 | 443739.74 |

图 2-11  一维表

### 3. 一维表和二维表相互转换

数据库设计规范是一套参考体系，一维表是符合数据库设计规范的，在技术世界里不分国界地沿用了超过 30 年。我们把一维表称为源数据，其特点是数据丰富翔实，适合做流水账，方便存储，有利于做统计分析；把二维表称为展示数据，其特点是明确直观，适合打印、汇报。

一维表、二维表可以相互转换。在 Power Query 中，一维表转二维表用"透视列"，反之用"逆透视列"。当数据在进行统计的时候，底层数据如果是二维表，统计过程会非常麻烦，往往需要将底层数据（数据源）变换为一维表。

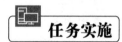
**任务实施**

### 一、提升标题

整理"1-1 资产负债表"，在主页菜单栏单击"将第一行用作标题"，如图 2-12 所示。

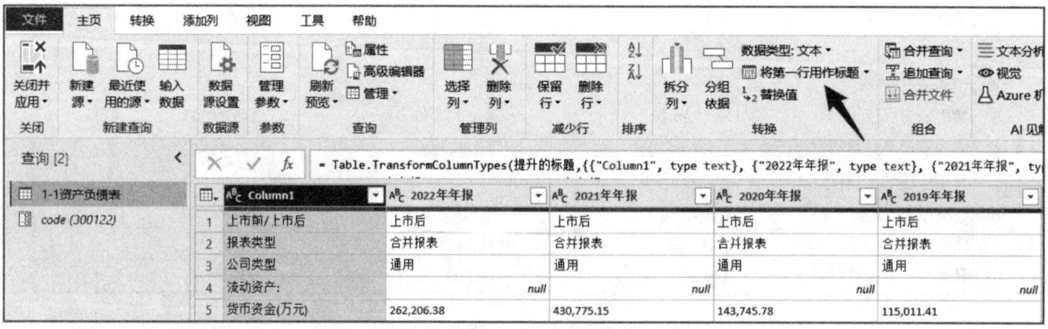

图 2-12  将第一行用作标题

### 二、去除冗余数据

报表主体内只需要保留数值型数据，筛选第一列，取消勾选非数值型的数据，如"报表类型""数据来源"等，如图 2-13 所示。

图 2-13 筛选数据

得到资产负债表的主体部分，如图 2-14 所示。

| Column1 | 2022年年报 | 2021年年报 | 2020年年报 | 2019年年报 | 2018年年报 |
|---|---|---|---|---|---|
| 流动资产： | null | null | null | null | null |
| 货币资金(万元) | 387,347.52 | 344,338.79 | 196,157.98 | 238,123.55 | 248,430.62 |
| 应收票据及应收账款(万元) | 357,679.82 | 248,050.73 | 200,357.26 | 51,284.41 | 43,764.13 |
| 其中：应收票据(万元) | null | null | null | null | 15.73 |
| 应收账款(万元) | 357,679.82 | 248,050.73 | 200,357.26 | 51,284.41 | 43,748.41 |
| 预付款项(万元) | 6,349.40 | 9,506.24 | 2,246.68 | 1,826.63 | 3,660.40 |
| 其他应收款合计(万元) | 37,998.98 | 75,897.10 | 30,477.42 | 20,333.68 | 94,362.96 |
| 其中：应收利息(万元) | 73.87 | 678.85 | 326.16 | 975.33 | 444.12 |
| 应收账款(万元) | 37,925.12 | 75,218.25 | 30,151.26 | 19,358.35 | 93,918.84 |
| 存货(万元) | 99,581.49 | 87,359.17 | 48,355.97 | 31,304.89 | 23,628.29 |
| 其他流动资产(万元) | 5,889.07 | 2,876.68 | 430.24 | 1,498.88 | 50.34 |
| 流动资产合计(万元) | 894,846.28 | 768,028.70 | 478,025.56 | 344,372.05 | 413,896.75 |

图 2-14 筛选后的资产负债表

### 三、二维表转换为一维表

选中"1-1 资产负债表"第一列，单击鼠标右键，在弹出的对话框中选择"逆透视其他列"，将二维表转换成一维表，如图 2-15 所示。

模块二　Power BI 数据处理实践

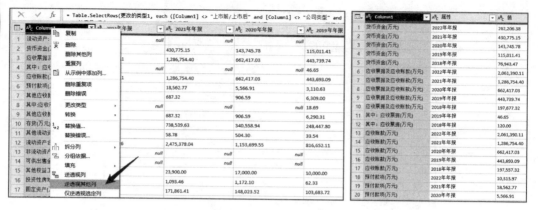

图 2-15　二维表转一维表

## 四、数据标准化

将第三列[值]字段的数据类型设置为小数类型，如图 2-16 所示。

图 2-16　更改数据类型

对第二列[属性]列进行拆分，一次性向左拆分四个字符，将拆分出来的[属性.1]重命名为[年度]，并删除冗余列[属性.2]，如图 2-17 所示。

图 2-17　删除冗余

对各列进行重命名，并检查数据类型。[项目]列是文本类型，[年度]列是整数类型，[值]

列是小数类型。这样，就完成了资产负债表的整理，关闭并将应用数据上载到 Power BI Desktop，如图 2-18 所示。

图 2-18　完成一维表的整理

同样，将智飞生物利润表、现金流量表也导入到 Power BI Desktop，进行数据清洗、整理并规范化，设置好路径参数，实现数据源的一键切换，如图 2-19 所示。

图 2-19　利润表、现金流量表导入整理

## 任务四　辅助报表的制作

**任务情境**

要实现报表的可视化多维度透视分析，经常需要借助辅助报表来实现。创建辅助报表有三种方法，可以从 Excel 报表导入，可以用输入数据的方法，也可以创建 DAX 函数来生成辅助报表。本任务在 Excel 中创建所需的辅助表，导入到 Power BI 中使用。如果需要修改辅助表，同样也在 Excel 中修改，然后在 Power BI 中刷新。

**任务描述**

辅助报表涉及年度辅助报表、类别表及能力分析的各项财务指标。创建的辅助报表在后面的分析过程中可能会用到，也可以根据自己的分析需要，在 Power BI Desktop 模型中直接新建辅助报表。

## 知识预备

资产负债表可分为五个或者三个类别。五个类别分为流动资产、非流动资产、流动负债、非流动负债、所有者权益；三个类别分为资产、负债和所有者权益。现金流量表也可分为三类：经营活动、投资活动和筹资活动。

反映企业盈利能力的指标有毛利率、净利率、成本费用利润率、全部资产现金回收率、总资产收益率和净资产收益率。反映企业营运能力的指标有存货周转率、应收账款周转率、固定资产周转率、流动资产周转率和总资产周转率。反映企业发展能力的指标有营业收入增长率、净利润增长率、净资产增长率和总资产增长率。反映企业偿债能力的指标有流动比率、速动比率、资产负债率、权益乘数和有息负债率。

## 任务实施

### 一、资产类别表

下载公司五年财务报表数据后进行观察，发现所有层级的科目都混在同一列当中。以资产负债表为例，新建一张辅助报表，完整复制所有有效科目的名称，粘贴到新报表上，命名为资产类别。资产类别表将所有科目做层级划分，就得到了一张科目分类表。这样不仅便于取数，还可以拓展各种有助于分析的分类，便于后面的归类分析，如图 2-20 所示。

| | A | B | C |
|---|---|---|---|
| 1 | 项目 | 五分类 | 三分类 |
| 2 | 流动资产: | 流动资产 | 资产 |
| 3 | 货币资金(万元) | 流动资产 | 资产 |
| 4 | 应收票据及应收账款(万元) | 流动资产 | 资产 |
| 5 | 其中：应收票据(万元) | 其中 | 其中 |
| 6 | 应收账款(万元) | 流动资产 | 资产 |
| 7 | 预付款项(万元) | 流动资产 | 资产 |
| 8 | 其他应收款合计(万元) | 流动资产 | 资产 |
| 9 | 其中:应收利息(万元) | 其中 | 其中 |
| 10 | 其他应收款(万元) | 流动资产 | 资产 |
| 11 | 存货(万元) | 流动资产 | 资产 |
| 12 | 其他流动资产(万元) | 流动资产 | 资产 |
| 13 | 流动资产合计(万元) | 合计 | 合计 |
| 14 | 非流动资产: | 非流动资产 | 资产 |
| 15 | 可供出售金融资产(万元) | 非流动资产 | 资产 |
| 16 | 其他权益工具投资(万元) | 非流动资产 | 资产 |
| 17 | 投资性房地产(万元) | 非流动资产 | 资产 |
| 18 | 固定资产(万元) | 非流动资产 | 资产 |
| 19 | 在建工程(万元) | 非流动资产 | 资产 |
| 20 | 使用权资产(万元) | 非流动资产 | 资产 |
| 21 | 无形资产(万元) | 非流动资产 | 资产 |
| 22 | 开发支出(万元) | 非流动资产 | 资产 |
| 23 | 商誉(万元) | 非流动资产 | 资产 |
| 24 | 长期待摊费用(万元) | 非流动资产 | 资产 |

| | A | B | C |
|---|---|---|---|
| 1 | | 2022年年报 | 2021年年报 |
| 2 | 上市前/上市后 | 上市后 | 上市后 |
| 3 | 报表类型 | 合并报表 | 合并报表 |
| 4 | 公司类型 | 通用 | 通用 |
| 5 | 流动资产: | | |
| 6 | 货币资金(万元) | 262,206.38 | 430,775.15 |
| 7 | 应收票据及应收账款(万 | 2,061,390.11 | 1,286,754.40 |
| 8 | 其中：应收票据(万元) | | |
| 9 | 应收账款(万元) | 2,061,390.11 | 1,286,754.40 |
| 10 | 预付款项(万元) | 10,313.97 | 18,562.77 |
| 11 | 其他应收款合计(万元) | 839.24 | 687.32 |
| 12 | 其中:应收利息(万元) | | |
| 13 | 其他应收款(万元) | 839.24 | 687.32 |
| 14 | 存货(万元) | 802,047.07 | 738,539.63 |
| 15 | 其他流动资产(万元) | 4,539.49 | 58.78 |
| 16 | 流动资产合计(万元) | 3,141,336.26 | 2,475,378.04 |
| 17 | 非流动资产: | | |
| 18 | 可供出售金融资产(万元) | | |
| 19 | 其他权益工具投资(万元 | 28,450.00 | 23,900.00 |
| 20 | 投资性房地产(万元) | 1,014.83 | 1,093.46 |
| 21 | 固定资产(万元) | 281,850.45 | 171,861.41 |
| 22 | 在建工程(万元) | 183,567.22 | 182,493.32 |
| 23 | 使用权资产(万元) | 3,949.52 | 1,364.96 |
| 24 | 无形资产(万元) | 35,271.41 | 34,280.35 |
| 25 | 开发支出(万元) | 70,373.44 | 44,452.41 |

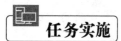

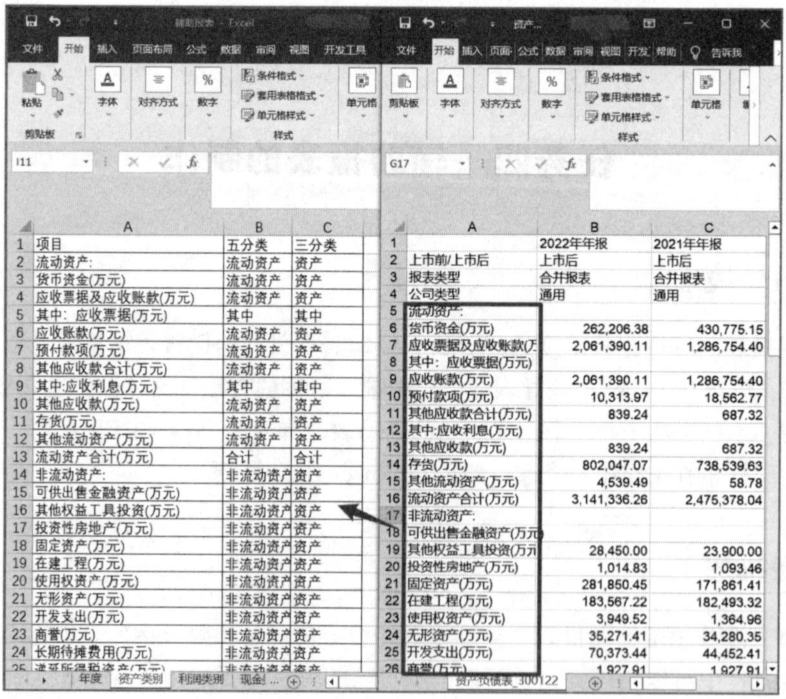

图 2-20　资产负债表辅助报表

## 二、利润类别和现金类别表

用同样的方法制作利润类别和现金类别表，根据需要设置分类。如图 2-21 所示。

| | A | B |
|---|---|---|
| 1 | 项目 | |
| 2 | 一、营业总收入(万元) | |
| 3 | 营业收入(万元) | |
| 4 | 二、营业总成本(万元) | |
| 5 | 营业成本(万元) | |
| 6 | 税金及附加(万元) | |
| 7 | 销售费用(万元) | |
| 8 | 管理费用(万元) | |
| 9 | 研发费用(万元) | |
| 10 | 财务费用(万元) | |
| 11 | 其中:利息费用(万元) | |
| 12 | 利息收入(万元) | |
| 13 | 资产减值损失(万元) | |
| 14 | 三、其他经营收益 | |
| 15 | 加:公允价值变动收益(万元) | |
| 16 | 投资收益(万元) | |
| 17 | 资产处置收益(万元) | |
| 18 | 资产减值损失(新)(万元) | |
| 19 | 信用减值损失(新)(万元) | |
| 20 | 其他收益(万元) | |

| | A | B |
|---|---|---|
| 1 | 项目 | 三分类 |
| 2 | **一、经营活动产生的现金流量:** | 经营活动 |
| 3 | 销售商品、提供劳务收到的现金(万元) | 经营活动 |
| 4 | 收到的税费返还(万元) | 经营活动 |
| 5 | 收到其他与经营活动有关的现金(万元) | 经营活动 |
| 6 | 经营活动现金流入的平衡项目(万元) | 经营活动 |
| 7 | **经营活动现金流入小计(万元)** | 经营活动 |
| 8 | 购买商品、接受劳务支付的现金(万元) | 经营活动 |
| 9 | 支付给职工以及为职工支付的现金(万元) | 经营活动 |
| 10 | 支付的各项税费(万元) | 经营活动 |
| 11 | 支付其他与经营活动有关的现金(万元) | 经营活动 |
| 12 | 经营活动现金流出的平衡项目(万元) | 经营活动 |
| 13 | **经营活动现金流出小计(万元)** | 经营活动 |
| 14 | 经营活动产生的现金流量净额平衡项目(万元) | 经营活动 |
| 15 | **经营活动产生的现金流量净额(万元)** | 经营活动 |
| 16 | **二、投资活动产生的现金流量:** | 投资活动 |
| 17 | 收回投资收到的现金(万元) | 投资活动 |

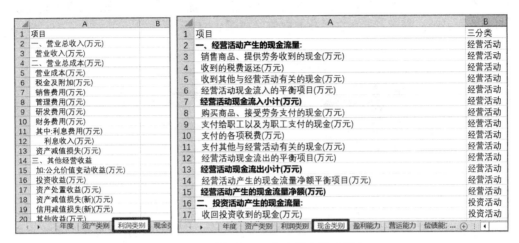

图 2-21　利润表、现金流量表辅助报表

## 三、年度表

按照报表下载的五年年度制作年度表，如图 2-22 所示。

| | A | B | C |
|---|---|---|---|
| 1 | 年度 | | |
| 2 | 2018 | | |
| 3 | 2019 | | |
| 4 | 2020 | | |
| 5 | 2021 | | |
| 6 | 2022 | | |
| 7 | | | |

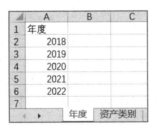

图 2-22　年度表

## 四、能力分类表

按照能力分析的维度，制作不同财务指标的能力辅助报表。以盈利能力为例，如图 2-23 所示。

| | A | B | C | D |
|---|---|---|---|---|
| 1 | 项目 | | | |
| 2 | 成本费用利润率 | | | |
| 3 | ROA | | | |
| 4 | 净利率 | | | |
| 5 | ROE | | | |
| 6 | 毛利率 | | | |
| 7 | 全部资产现金回收率 | | | |

图 2-23　盈利能力辅助报表

## 五、出现新科目

不同行业、不同公司使用的报表科目会有略微不同,所以下载新数据后刷新报表,可能出现空值。此时可以打开报表的类别表,在最下面添加新科目,把分类信息补充完整,再回到数据表单击刷新,就会自动补上空值,如图 2-24 所示。

图 2-24 补充新科目

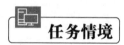

在后面的分析中,不一定会用到建好的所有辅助报表,也会用其他方式建立辅助报表。报告制作过程中,大家可以利用已完成的辅助报表,用不同的方法建立模型,丰富自己的分析报告。

# 任务五　Power BI 数据建模

### 任务情境

Power BI 数据建模是指使用 Power BI 工具对数据进行整合、清洗和建模的过程,以便于实现数据可视化、分析和报告。Power BI 最重要的优势之一就是打通来自各个数据源表,根据不同的维度、不同的逻辑来聚合分析数据,从而进行数据分类汇总和可视化呈现。在分析数据时,不可能总是对单个数据表进行分析,有时需要把多个数据表导入到 Power BI 中,通过多个表中的数据及其关系来执行一些复杂的数据分析任务,前提是各个表之间需要建立某种关系,建立关系的过程就是数据建模。此外,根据分析的需要,还可以通过新建列、新建表、新建度量值等方式建立各类分析数据,也叫数据建模。数据建模的目的是构建多维度的可视化分析。

### 任务描述

在此数据建模任务中创建数据表之间的关系并建立资产负债表内重要科目度量值。

### 一、维度表与事实表

维度表:是同类型属性信息的集合,是对事物的定性描述,往往没有数字。

事实表：数据明细表，是对定性数据的数据度量，用来跟踪实际数据，是分析的数据来源。

Power BI 数据建模的本质就是构建维度表和数据表之间的关系，而建立数据表之间的关系就是建立维度表和事实表之间关联的过程。

## 二、报表关系

在分析数据时，不可能总是对单个数据表进行分析，有时需要把多个数据表导入到 Power BI 中，通过多个表中的数据及其关系来执行一些复杂的数据分析任务，因此，为准确计算分析的结果，需要在数据建模中创建数据表之间的关系。在 Power BI 中，关系指数据表之间的基数和交叉筛选方向，如图 2-25 所示。

图 2-25　编辑关系

### 1. 交叉筛选器

交叉筛选器方向主要用于指定当具有关系的两个表筛选数据时，筛选效果的作用范围。交叉筛选器方向分为"单一"和"两个"选项。

单一：表示连接表中的筛选选项适用于被连接的表格，适用于周围仅有两个表。

两个：表示在进行筛选时，两个表被视为一个表，适用于其周围具有多个查找表的单个表。

### 2. 基数

基数就是两个连接字段的对应关系，每个模型关系都由基数类型定义。一共有四个基数类型选项，包括一对多、多对一、一对一和多对多，表示"从"和"到"相关列的数据特征。“一”侧表示该列包含唯一值，“多”侧表示该列可以包含重复值。当在 Power BI Desktop 中创建关系时，设计器会自动检测并设置基数类型，如图 2-26 所示。

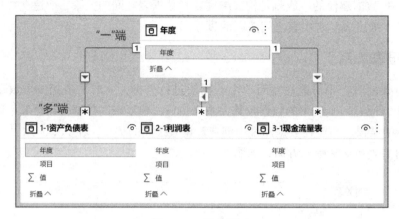

图 2-26　报表关系

## 三、计算列与度量值

### 1. 计算列

计算列是在表中创建新的一列，可转换或合并现有数据表中的两个或多个列，也可以使用 DAX 函数建立新列。计算列得到的运算结果会被存储在表单中，计算发生在列生成的时刻。由于 Power BI 的运算机制是将表单内容加载到内存当中聚合，因此当数据量庞大时，使用计算列进行计算会占用大量的内存，如图 2-27 所示。

| 订单号 | 订单日期 | 店铺ID | 产品ID | 会员ID | 数量 | 单价 | 金额 |
|---|---|---|---|---|---|---|---|
| N2000001 | 2019年1月1日 | 111 | 3002 | 1495 | 3 | 4 | 12 |
| N2000002 | 2019年1月1日 | 104 | 3002 | 8769 | 2 | 4 | 8 |
| N2000003 | 2019年1月1日 | 110 | 3002 | 3613 | 5 | 4 | 20 |
| N2000004 | 2019年1月1日 | 110 | 1001 | 5860 | 8 | 23 | 184 |
| N2000005 | 2019年1月1日 | 104 | 2002 | 4684 | 6 | 6 | 36 |
| N2000006 | 2019年1月1日 | 102 | 3002 | 9356 | 5 | 4 | 20 |
| N2000007 | 2019年1月1日 | 102 | 2001 | 3455 | 5 | 8 | 40 |
| N2000008 | 2019年1月1日 | 106 | 2001 | 8495 | 11 | 8 | 88 |
| N2000009 | 2019年1月1日 | 111 | 1003 | 2141 | 3 | 12 | 36 |
| N2000010 | 2019年1月1日 | 111 | 1002 | 3650 | 11 | 18 | 198 |

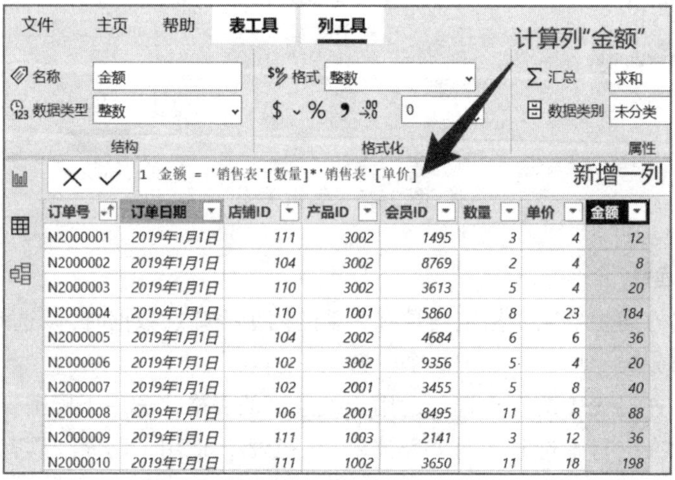

图 2-27　计算列

### 2. 度量值

度量值主要用于聚合计算时使用，运算是在查询时才执行，并不占用内存，相当于随用随算。它是用 DAX 公式创建的一个只显示名称而无实际数据的字段，度量值不会改变数据的源结构和数据模型，也不会占用计算机的内存。如果数据量非常大，这点会非常有利。而且度量值可以循环使用，还可以跨表使用，如图 2-28 所示。

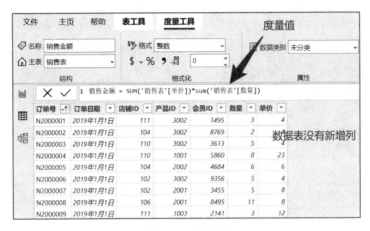

图 2-28　度量值

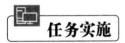

### 一、建立度量值

在上一任务结束后，单击"关闭并应用"按钮，回到数据视图，在"1-1 资产负债表"内新建第一个科目度量值[货币资金]，如图 2-29 所示。

图 2-29　[货币资金]度量值

### 注意

筛选项目科目"货币资金（万元）"的输入，一定要去源数据表 Excel 文件中完整地复制粘贴相应科目单元格内所有内容，避免手动输入错误，如图 2-30 所示。

模块二　Power BI 数据处理实践

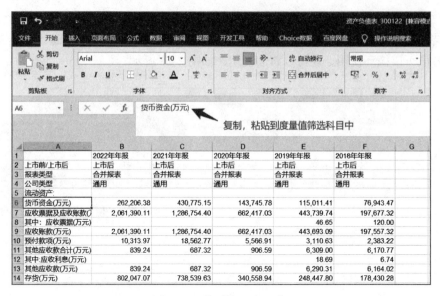

图 2-30 货币资金度量值

## 二、检查度量值

在报表视图中新建卡片图，将[货币资金]度量值拖拽至视觉对象的字段内，检查[货币资金]是否正确建立，注意现在此度量值的大小是五年来货币资金科目的聚合值，如图 2-31 所示。也可以添加年度切片器来查看每年货币资金量的大小是否与源数据表一致。

图 2-31 货币资金度量值

### 📖 资讯前沿

Gartner 于 2023 年 4 月 5 日发布魔力象限报告，以 Power BI 为产品代表的微软连续 16 年被列入领导者，并且连续 5 年位于领导者象限最高地位（图 2-32）。微软是这个魔力象限的领导者。其主要的 ABI 平台 Power BI 通过 Microsoft 365、Azure 和 Teams 集成、灵活的定价、远高于平均水平的功能及雄心勃勃的产品路线图，拥有巨大的市场影响力和发展势头。

图 2-32　Gartner 魔力象限

微软和 Gartner 在对未来 BI 市场发展的重要方向和领域上有着高度一致的认知，并且依靠极强的执行力，将其最终体现在了 Power BI 产品上。Gartner 认可 Power BI 的优势领域为以下三个方面：

（1）丰富的销售经验且极具价格竞争力的产品：凭借较低的定价策略，Power BI 给整个 BI 市场带来了下调价格的压力，考虑到许多组织都有 Microsoft enterprise software 协议，即使 Power BI 尚未部署，默认情况下它也会出现在大多数备选方案中。

（2）易于进行复杂类型的分析：Power BI 支持对复杂的关系模型展开分析，并且不断加入并强化机器学习的能力，使此项得分在所有竞品中处于前三名。

（3）全面的产品愿景：Azure、Report Server、Desktop 产品线齐全，基于云的认知服务、增强分析、机器学习的能力正在被不断地开发和加入产品中。

（资源来源：微软中国官方主页）

 技能操作

一、确定数据源

选择一家制造业上市公司作为自己的主分析公司，并确定两家对比分析公司，将三家公司的五年来财务报表数据下载到本地文件夹保存。财务报表数据源可以使用本书提供的资料包中的数据源，也可以从 Choice 金融终端上免费下载最新数据。

二、数据导入、整理、清洗、标准化

新建一个 PBIX 文件，将主分析公司的三张报表数据导入到 PBI 模型中，整理清洗成一维表的标准形式，设置参数，实现一键切换不同公司三张报表的数据源。

### 三、制作辅助报表

新建一个 Excel 工作簿，与财务报表数据源保存在同一本地文件夹中。制作年度表、资产类别、利润类别及盈利能力辅助报表，每张报表放在工作簿单独的工作表中。

自学自测　扫描此码

# 模块三 搭建财务分析框架

  **知识目标**

1. 读懂上市公司的业绩简报和营运状况
2. 理解财务分析结构

1. 能正确判断上市公司财务报表质量
2. 能准确搭建财务分析框架
3. 能根据业务需求确定数据源

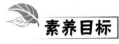

1. 具备敏锐的洞察力
2. 具备管理思维和数据思维
3. 具备美学素养

## 任务一 财务分析准备工作

 **任务情境**

上市公司的财务报表是一套数据集合,它不只具有标准化的、结构化的四表一注数据,还有很多非结构化的数据。由于阐述财务报表数据的部分,即会计报表附注部分,阅读量非常大,因此,财务人员必须学会快速、准确、全面进行财务报表解读。

 **任务描述**

理清财务报表之间的关系,完成财务报表解读前需要准备的各项工作,完成主分析公司简介。

## 知识预备

### 一、财务报表分析过程

财务报表是指在日常会计核算资料的基础上,按照规定的格式、内容和方法定期编制的,综合反映公司某一特定日期财务状况和某一特定时期经营成果、现金流量状况的书面文件。财务报表一般包括资产负债表、利润表、现金流量表、所有者权益变动表及附注,即通常所称的"四表一注"。

财务分析是基于现有公司的财务报表,通过判断公司会计处理质量,还原公司经济活动,并通过公司的经济活动了解公司采取的战略,判断其在特定的商业环境中的表现是否合理,判断公司财务报表编制的合理、合法、合规性。

### 二、如何获取上市公司财务报表

获取上市公司年报,通常有三种途径。

**1. 上市公司的官网**

大部分上市公司都会在其官方网站上发布年报。可以通过搜索引擎找到这些公司的官方网站,并在网站上查找年报或财务报告的链接,通常在投资者关系一栏。

**2. 证券交易所网站**

上市公司还会在证券监管机构的网站上发布年报。比如 A 股,可以在中国证监会官网或巨潮网上找到相关公司的信息,并下载公司年报。

**3. 商业网站**

中国证监会指定信息披露网站巨潮资讯网、中证网、中国证券网、证券时报网、中国资本证券网及其他财经门户网站都可以查询沪深两市的上市公司的年报。

### 三、财务报表关注对象

上市公司年报分为两套,一套称母公司报表,另外一套称合并报表。母公司是指上市公司主体本身,但是现在的上市公司还会有很多子公司,合并报表就是把上市公司主体与下面子公司囊括在一起的报表。所以上市公司的股东重点要分析和关注的应该是合并报表。

### 四、判断财务报表质量

**1. 关注财务报告发布的时间**

中国证监会《上市公司信息披露管理办法》第十三条中规定:"年度报告应当在每个会计年度结束之日起四个月内,中期报告应当在每个会计年度的上半年结束之日起两个月内编制完成并披露。"季度报告相关披露要求由证券交易所在其业务规则中明确。

**2. 关注财务报告审计意见**

每家上市公司的年报必须经过一家第三方会计师事务所的审计,这个审计报告会放在年报当中。注册会计师出具的审计意见有以下几种。

(1)标准的无保留意见:审计师认为被审计者编制的财务报表符合企业会计准则。其已按照适用的会计准则的规定编制并在所有重大方面公允反映了被审计者的财务状况、经营成果和现金流量。

(2)带强调事项段的无保留意见:审计师认为被审计者编制的财务报表符合相关会计准则的要求,并在所有重大方面公允反映了被审计者的财务状况、经营成果和现金流量,但是存在需要说明的事项,如对持续经营能力产生重大疑虑及重大不确定事项等。

(3)保留意见:审计师认为财务报表整体是公允的,但是存在影响重大的错报。

(4)否定意见:审计师认为财务报表整体是不公允的或没有按照适用的会计准则的规定编制。

(5)无法(拒绝)表示意见的审计报告:审计师的审计范围受到了限制,且其可能产生的影响是重大而广泛的。不存在应调整而被审计单位未予调整的重要事项,审计师不能获取充分的审计证据。

**3. 关注关键会计政策**

不同的行业关注不同的关键会计政策。

(1)银行业重要的会计估计——贷款损失准备金的计提。

(2)零售业和电脑行业——库存管理是关键。

(3)高科技企业——售后产品缺陷是关键,重点关注保修费和保修准备金。

(4)石油类矿产资源类——资源储量是关键,会计确认计量是关键会计政策。

(5)钢铁等资本密集型企业——固定资产折旧很重要,是调节利润的利器。

**4. 关注动作频繁**

当一家上市公司不专心经营主业,而是涉及董高监频繁更换、大股东或高管不断减持股票、频繁的资产重组、剥离、股权转让、资产评估、不断的并购或者频繁更换会计师事务所时,就要警惕公司经营和财务风险了。

**5. 关注其他危险信号**

上市公司出于粉饰报表、调节利润等目的,经常使用一些非常规的手段,这些会在财务报告或公告中透露出来,出现以下几种情况,需要提高警惕。

(1)未加解释的会计政策和会计估计变动,经营恶化时出现此类变动尤其应当注意;

(2)未加解释的旨在"提升"利润的异常交易,与销售有关的应收账款的非正常增长,与销售有关的存货的非正常增长;

(3)报告利润与经营性现金流量之间的差距日益扩大,报告利润与应税所得之间的差距日益扩大；

（4）过分热衷于融资机制，如与关联方合作从事研究开发活动，带有追索权的应收账款转让；

（5）出人意料的大额资产冲销；

（6）第四季度或第一季度的大额调整。

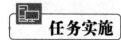

**1. 制作主页面**

打开"智飞生物"PBIX 文件，将"第 1 页"改名为"主页"，并单击右侧"可视化"，在设置报表格式中添加画布背景图片，背景图片可以是公司的 LOGO 图片、商业图片等。调整图像匹配度，透明度调低至 90%左右。主页面设置如图 3-1 所示。

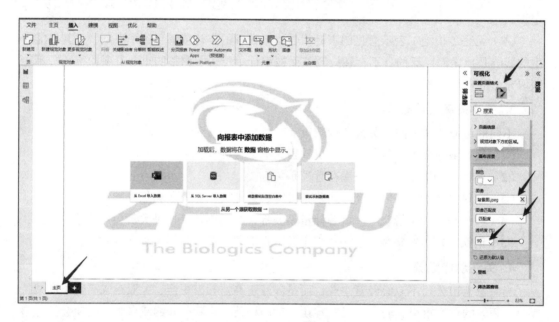

图 3-1　主页面设置

**2. 添加公司简介**

在主页面上添加分析公司基本介绍，一般包括以下几个方面：

（1）公司概况：包括注册时间、注册资本、公司性质、技术力量、规模、员工人数、员工素质等；

（2）公司主要产品：性能、特色、创新点、超前性；

（3）公司文化和发展前景：公司的荣誉、目标、理念、宗旨、使命、愿景等。公司简介如图 3-2 所示。

图 3-2　公司简介

## 任务二　搭建财务分析框架

财务报表反映的是基于公司所处的商业环境，与本行业其他公司进行合作或竞争，分析研判后选定公司战略，并据此采取一系列的经济活动。因此，我们在分析财务报表时，需要理顺公司所处行业、公司战略、公司商业模式与财务报表的关系，还需要理顺财务报表内部几张重要报表间的关系。

搭建财务分析框架，制作财务分析报告基本页面。

### 一、Power BI Desktop 视图

Power BI Desktop 中提供三个视图，可以在画布的左侧进行选择。视图显示的顺序如图 3-3 所示。

图 3-3　PBI 三种视图

报表视图：创建可视化报表和视觉对象，大部分创建时间都花费在这里。

数据视图：查看与报表关联的数据模型中使用的表、度量值和其他数据，并转换数据以便在报表的模型中充分利用。

模型视图：查看和管理数据模型中各表之间的关系。

### 二、Power BI Desktop 创建报表

在右侧"可视化"窗格中，选择"生成视觉对象"图标。视觉对象如图 3-4 所示。

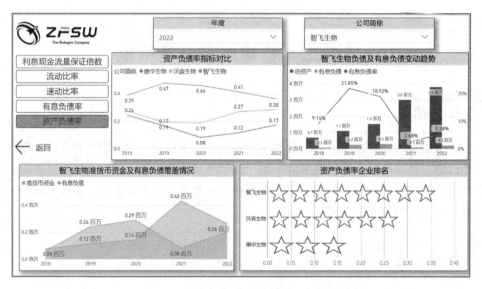

图 3-4　视觉对象

如果已在报表画布上选择一个视觉对象，则选定的视觉对象将更改为所选的类型。如果在画布上未选择任何视觉对象，将根据个人选择创建新的视觉对象。通常，我们要创建视觉对象的集合，一个 Power BI Desktop 文件中的视觉对象集合称为"报表"。报表可以有一个或多个页面，就像 Excel 文件可以有一个或多个工作表。借助 Power BI Desktop，可以使用来自多个源的数据创建复杂且视觉效果丰富的报表，即可与组织中的其他人共享的多合一报表。可视化报告如图 3-5 所示。

图 3-5　可视化报告

## 任务实施

**1. 制作分页面**

复制一张主页面，可以添加分析公司的图标。右上角插入"单位：万元"文本框，在菜单栏插入按钮"左箭头"，放置在报表视图内的适当位置。在右侧的格式设置中设置好样式和操作类型，操作类型是"页导航"，目标是"主页"。这样按住 Ctrl 键并单击"返回"按钮就可以返回到主页面。创建副本如图 3-6 所示。

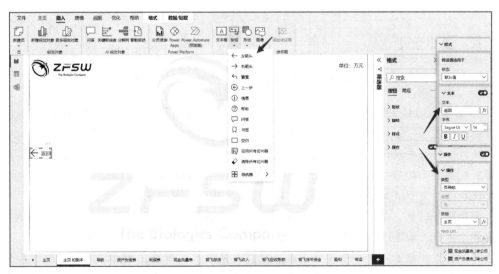

图 3-6　创建副本

模块三　搭建财务分析框架

### 2. 复制页面

对副本进行复制，以此为模板制作不同的分析页面，从三大主要财务报表，以及公司盈利能力、营运能力、发展能力、偿债能力、综合绩效及若干重要报表科目出发，搭建财务分析框架，从不同的维度评价和分析公司。

### 3. 单击进入按钮

在主页面制作右箭头按钮，设置单击进入第一张分析页面——资产负债表，如图3-7所示。

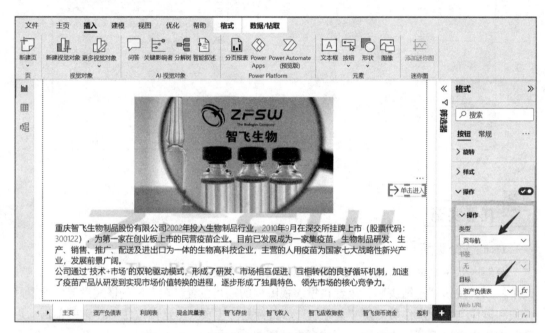

图3-7 单击进入按钮

## 📖 资讯前沿

### 以数字中国建设推进中国式现代化

2022年我国数字经济规模达50.2万亿元，占国内生产总值比重提升至41.5%；我国网民规模达到10.67亿，互联网普及率达到75.6%；移动物联网终端用户数达到18.45亿户。我国成为全球主要经济体中首个实现"物超人"的国家……日前，国家网信办发布《数字中国发展报告（2022年）》。一个个耀眼数据，一项项惊人纪录，彰显着2022年数字中国建设取得的突出成就，也描绘出2023年数字发展的崭新起点。

身处数字时代，数字技术日益成为创新驱动发展的先导力量，带动了人类社会生产方式变革、生产关系再造、经济结构重组、生活方式巨变。2022年，从国家电子政务外网实现地市、县级全覆盖，数字政务协同服务效能大幅提升，到全民阅读、艺术普及数字化服务能力增强，数字文化提供文化繁荣发展新动能，再到自然资源管理和国土空间治理加快转型，数字生态文明建设促进绿色低碳发展，数字技术在经济、政治、文化、社会、生态文明建设各领域得到广泛应用。

数字中国全面赋能，离不开"数字底座"持续夯实。一方面，数字基础设施支持信息的传输、处理和存储，对经济社会发展起到战略性、基础性、先导性作用。另一方面，数据资源是数字中国建设的核心要素。随着我国数据基础制度加快构建，公共数据资源流通共享能力加强，推动数据资源大循环更加畅通，数据要素价值充分释放。一份报告，既是回顾，又是展望。新时代十年，中国以信息化培育新动能，用新动能推动新发展，数字技术不断创造新的可能。如何应对关键核心技术之争加剧数字产业链动荡局势，如何深入挖掘数字技术创新潜能，如何提升数字化发展的系统性、整体性、协同性，对数字中国建设提出了新的挑战。

千帆竞发春潮涌，百舸争流正逢时。在各地公布的2023年重大建设项目清单中，5G、工业互联网、数据中心等成为热词，数字基础设施建设全面起势。不断夯实数字中国建设基础，强化数字中国关键能力，优化数字化发展环境，全面赋能经济社会发展，数字中国建设定能汇聚改变中国面貌的时代洪流，为推进中国式现代化注入强大动能。

（资料来源：http://opinion.people.com.cn/n1/2023/0524/c427456-32693775.html）

选择一家制造业上市公司作为自己的主分析公司，搭建主公司财务分析框架，包括主页面、各财务分析页面。可添加导航页面，制作按钮，实现单击相应按钮能到达对应分析页面。

自学自测　扫描此码

# 模块四 资产负债表分析

 **知识目标**

1. 了解资产负债表的内容和作用
2. 掌握资产负债表分析方法和思路
3. 掌握资产负债表的水平、垂直分析要点
4. 正确理解资产负债表所反映的企业价值与内涵

 **能力目标**

1. 能够利用商业智能分析工具分析资产负债表的结构和趋势变化,建立模型并制作动态交互可视化报告
2. 能够多维度对资产负债表进行分析评价,撰写分析结论

 **素养目标**

1. 培养大数据思维和流程设计思维
2. 培养动手实操能力
3. 具备严谨细致的工作态度、良好的职业道德与敬业精神

资产负债表是表示企业在一定日期(通常为各会计期末)的财务状况(即资产、负债和业主权益的状况)的主要会计报表。其反映某一日期的企业资产构成及其状况、负债总额及其结构,揭示企业资产来源及其构成,是企业经营活动的静态体现。

## 任务一 资产负债表垂直分析

 **任务情境**

资产负债表垂直分析是指通过计算资产负债表中各项目占总资产或权益总额的比重,分析企业的资产构成、负债构成和股东权益构成,揭示企业资产结构和资本结构的合理程度,探索企业资产结构优化、资本结构优化及资产结构与资本结构适应程度优化的思路。

> **任务描述**

建立数据分析模型并做出动态可视化效果仪表板，对企业资产负债表结构做出全面综合的评价，解析企业资产结构与资本结构的合理性，寻找资产与资本结构优化的思路与方法。

> **知识预备**

## 一、资产结构分析评价

一方面，可以从静态角度观察企业资产的配置情况，特别关注流动资产和非流动资产的比重及其中重要项目的比重，分析时可通过与行业的平均水平或可比企业资产结构的比较，对企业资产的流动性和资产风险做出判断，进而对企业资产结构的合理性做出评价。另一方面，可以从动态角度分析企业资产结构的变动情况，对企业资产结构的稳定性做出评价，进而对企业资产结构的调整情况做出评价。

在进行企业资产结构的具体分析评价时，需要特别关注以下几个方面：

（1）生产性资产与非生产性资产的比例关系。企业占有的资产是其进行生产经营活动的物质基础，但并不是所有资产都用于企业自身生产经营，如果这些非生产性资产所占比重过大，企业的经营能力就会远远小于企业总资产所表现出来的经营能力。生产资产包括固定资产、在建工程、工程物资、无形资产、长期待摊费用等。通过计算生产资产占总资产的比例，可以评价公司类型。占比大的为"重资产公司"，占比小为"轻资产公司"。重资产公司通常需要不断投入资金进行维护、更新或升级，并产生大量折旧，因此必须有大量的产品来分摊，一旦产品销量下滑，单位产品分摊的固定成本会使企业更容易亏损。轻资产公司则避开了高固定成本，其产品或服务的成本主要是可变成本，即使遭遇市场不景气，成本也会跟随销量下滑，使企业更容易在逆境中保持赢利能力。

（2）固定资产与流动资产的比例关系。固定资产的盈利能力较强，流动性较差，风险较高。流动资产的盈利能力较弱，流动性较强，风险较低。一般而言，固定资产与流动资产之间只有保持合理的比例结构，才能形成现实的生产能力，否则，就有可能造成部分生产能力闲置或加工能力不足。

（3）流动资产的内部结构。流动资产内部结构指组成流动资产的各个项目占流动资产总额的比重。分析流动资产结构，可以了解流动资产的分布情况、配置情况、资产的流动性及支付能力。

## 二、资本结构分析评价

我们可从静态角度观察资本的构成，衡量企业的财务实力，评价企业的财务风险，同时结合企业的盈利能力和经营风险，评价其资本结构的合理性。从动态角度分析企业资本结构的变动情况，分析流动负债、非流动负债、所有者权益及其重要科目近年来增减变化趋势，以及对负债和所有者权益整体变化的影响。

负债是指企业过去的交易或者事项形成的，预期会导致经济利益流出企业的现时义务。负债一般按其偿还速度或偿还时间的长短分为流动负债和长期负债两类。

所有者权益是指企业资产扣除负债后，由所有者享有的剩余权益。公司的所有者权益又称为股东权益。所有者权益按经济内容可分为投入资本、资本公积、盈余公积和未分配利润四种。

### 三、资产负债表整体结构分析评价

分析资产结构与资本结构的依存关系。企业的资产结构受制于企业的行业性质，不同的行业性质，其资金融通的方式也不同。分析评价不同结构可能产生的财务结果，能够对企业未来的财务状况及其对企业未来经营的影响做出推断。资产负债表整体结构主要有四种表现形式。

**1. 稳健结构**

企业流动资产的一部分资金需要使用流动负债来满足，另一部分资金则需要由非流动负债来满足。对于一般制造业企业来说，此结构足以使企业保持相当优异的财务信誉，通过流动资产的变现足以满足偿还短期债务的需要，企业风险较小。无论是资产结构还是资本结构，都具有一定的弹性。特别是当临时性资产需要降低或消失时，可通过偿还短期债务或进行短期证券投资来调整；一旦临时性资产需要再生产时，又可以重新举借短期债务或出售短期证券来满足其所需。

**2. 风险结构**

流动负债不仅用于满足流动资产的资金需要，还用于满足部分长期资产的资金需要。这一结构形式不因流动负债在多大程度上满足长期资产的资金需要而改变。此结构财务风险较大，较高的资产风险与较高的筹资风险不能匹配。相对于稳健结构形式，其负债成本较低。由于企业时刻面临偿债的压力，一旦市场发生变动，或意外事件发生，就可能引发企业资产经营风险，使企业资金周转不灵而陷入财务困境。这一结构形式只适用于企业处在发展壮大时期，或者在短期内作为一种财务策略来使用。

**3. 保守型结构**

企业全部资产的资金来源都是长期资本，即所有者权益和非流动负债就是我们所指的保守性结构分析。采用这种方法一般来说风险比较低，需要注意的是这种结构分析资本成本较高，同时筹资结构弹性也比较弱，这种结构很少被企业采用。

**4. 平衡型结构**

非流动资产用长期资金满足，流动资产用流动负债满足。这种结构比较适合经营状况良好，流动资产与流动负债内部结构相互适应的企业，并且资本成本也比较低。

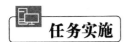

## 一、报表关系的建立

"辅助报表"工作簿中的"年度"表与"1-1资产负债表"数据导入后,整理清洗成一维表,上载到 PBI Desktop。将"年度"表改名为"0年度","资产负债表-300122"改名为"1-1资产负债表",便于模型内报表有序排列。在模型视图中,一般情况下,"0年度"[年度]字段同"1-1 资产负债表"[年度]字段会自动建立"一"对"多"的关系。如果没有自动建立,按住鼠标左键手动拖动"0年度"[年度]与"1-1资产负债表"[年度]重合,再放开鼠标左键,就建立好了字段间的联系。结果如图4-1所示。

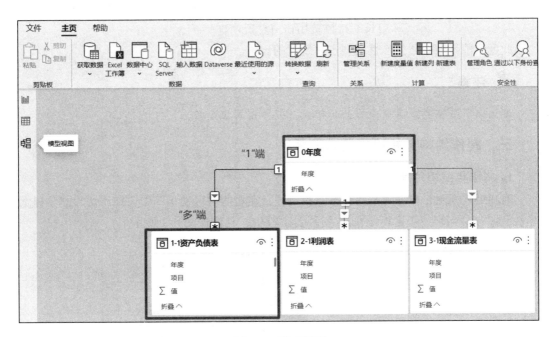

图4-1 模型视图

## 二、建立度量值

**1. 建立重要度量值**

返回报表视图或数据视图中,定位到"1-1资产负债表",单击表工具栏中的"新建度量值"按钮,仿照"货币资金"科目,建立好所需的度量值:[应收账款]、[存货]、[流动资产]、[固定资产]、[在建工程]、[工程物资]、[长期股权投资]、[无形资产]、[长期待摊费用]、[非流动资产]、[总资产]、[短期借款]、[应付账款]、[流动负债]、[长期借款]、[非流动负债]、[总负债]、[股东权益]等,也可以根据分析需要建立[长期股权投资]、[应收票据]等更多的科目度量值。建立度量值如图4-2所示。

模块四 资产负债表分析

41

图 4-2 建立度量值

**2. 建立[生产性资料占比]度量值**

生产性资产占比＝（[固定资产] + [在建工程] + [工程物资] + [无形资产] + [长期待摊费用]）/[总资产]。

此度量值考察企业生产性资料占总资产的比重。

### 注意

占比比率数据类型要换成百分比格式，并保留两位小数。

## 三、制作结构分析可视化仪表板

**1. 制作年度切片器**

回到报表视图，单击画布内任意空白位置，在右侧"可视化"中选择"切片器"视觉对象，将"0 年度"[年度]字段放入切片器字段中，具体如图 4-3 所示。

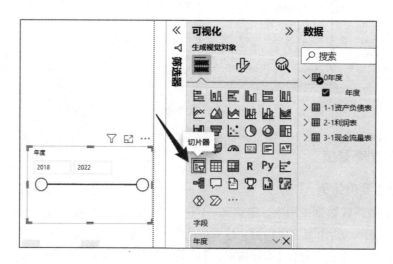

图 4-3 切片器

对切片器的视觉效果进行调整，将视觉对象切片器样式设置为"磁贴"，关掉切片器标头，并将年度切片器放置到画布适当的位置，具体如图 4-4 所示。

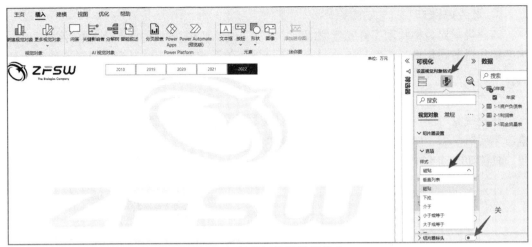

图 4-4　年度切片器效果优化

**2. 资产结构可视化**

新建一个可视化对象饼图，将度量值[流动资产]、[非流动资产]放入饼图视觉对象中的值字段，可在"设置视觉对象格式"中对图表的标题、颜色、字体大小、详细标签信息等样式进行必要的设置，可以单击年度切片器的不同年份，查看每年公司资产结构的分布状况，具体如图 4-5 所示。

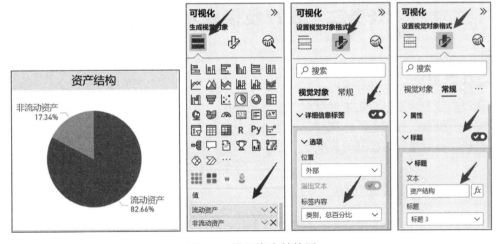

图 4-5　设置资产结构图

**3. 资本结构可视化**

新建一个可视化对象环形图（或者将资产结构的饼图复制一份，粘贴到画布空白位置，将视觉对象改成环形图，这样就不用再重新修改视觉对象的格式），重新设置值字段，将度量值[流动负债]、[非流动负债]、[股东权益]放入环形图的值字段，单击年度切片器不同年份，按年度查看每年公司资本结构的分布状况，具体如图 4-6 所示。

模块四　资产负债表分析

43

### 4. 财务稳健性

新建视觉对象树状图，将度量值[流动资产]、[流动负债]放入树状图中的值字段，单击年度切片器不同年份，查看每年公司流动资产能否覆盖流动负债，考察公司财务稳健性，具体如图 4-7 所示。

### 5. 重资产公司 VS 轻资产公司

新建视觉对象仪表盘，将度量值[生产性资产占比]放入值字段，[总资产]放入目标值，单击年度切片器不同年份，查看每年公司生产性资产占比，考察公司属于重公司还是轻公司，具体如图 4-8 所示。

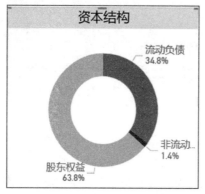

图 4-6　设置资本结构视觉对象

图 4-7　设置财务稳健性

图 4-8　生产性资料占比

## 任务二　资产负债表水平分析

资产负债表水平分析是指通过对企业各项资产、负债和股东权益进行对比分析，揭示企业筹资与投资过程的差异，从而分析与揭示企业生产经营活动、经营管理水平、会计政策及会计变更对筹资与投资的影响。

**任务描述**

建立数据分析模型并做出动态可视化效果仪表板，将连续多年的资产负债表的一些重要项目并列在一起分析，比较各期有关科目的金额，分析某些指标增减变动情况，在此基础上判断其发展趋势，从而对未来可能出现的结果进行预测。

### 一、资产负债表水平分析步骤

（1）确定分析对象。资产负债表水平分析，既可以对公司的资产负债表进行水平分析，也可以同一行业侧对比其他公司的水平进行分析，这取决于分析者的需要。

（2）分析公司资产负债表的总体情况。首先，从资产负债表的总体内容来看，可以大致分析公司的资产结构和负债结构，从而了解公司的偿债能力，预测公司未来财务状况。其次，从资产负债表的总体内容上来看，还可以发现是否存在不同类型账户之间的变动或不符，以确定公司财务状况是否正常。

（3）对资产、负债、所有者权益进行水平分析。资产、负债和所有者权益都是需要进行分析的对象，可采用比率法对这三者的变化情况进行分析，如资产负债比、流动比率、速动比率等，由此可以深入了解公司的财务状况。

（4）分析资产负债表的结构特征。资产结构和负债结构是衡量一个公司财务状况好坏的重要指标，因此，资产负债表水平分析中，还要分析公司资产结构和负债结构的变化情况，以了解公司财务状况的变化趋势。

（5）比较资产负债表的水平变化。要注意比较不同时期的资产负债表，对比它们的资产、负债、所有者权益的变化情况，以及资产和负债的结构特征，从而把握公司财务状况的变化趋势和特点。

（6）把握资产负债表的水平趋势。要重点关注资产、负债、所有者权益的总体水平变化趋势及其影响的方面，以及长期的变化趋势，从而为未来的财务经营决策提供依据。

通过以上步骤，可以系统、全面地分析资产负债表的水平特征，从而深入了解公司的财务状况，为未来的财务投资和融资决策提供参考。尽管资产负债表水平分析能够给公司财务管理提供重要参考，但是在进行分析时，一定要正确地理解和分析资产、负债和所有者权益及财务比率，不要死记硬背而进行空泛和无原则的资产负债表水平分析。

## 二、资产负债表变动情况的分析评价

**1. 从投资或资产角度进行分析评价**

投资或资产角度的分析评价主要从以下几方面进行：第一，分析总资产规模的变动状况及各类、各项资产的变动状况，揭示出资产变动的主要方面，从总体上了解企业经过一定时期经营后资产的变动情况。第二，发现变动幅度较大或对总资产变动影响较大的重点类别和重点项目。第三，要注意分析资产变动的合理性与效率性，注意分析会计政策变动的影响。

**2. 从筹资或权益角度进行分析评价**

筹资或权益角度的分析评价主要从以下几方面进行：第一，分析权益总额的变动状况及各类、各项筹资的变动状况，揭示出权益总额变动的主要方面，从总体上了解企业经过一定时期经营后权益总额的变动情况。第二，发现变动幅度较大或对权益总额变动影响较大的重点类别和重点项目，为进一步分析指明方向。第三，分析评价权益资金变动对企业未来经营的影响。在资产负债表上，资产总额＝负债＋所有者权益总额，当资产规模发生变动时，必然要有相应的资金来源，如果资产总额的增长幅度大于股东权益的增长幅度，表明企业债务负担加重，这虽然可能是因为企业筹资政策变动而引起的，但后果是引起偿债保证程度下降，偿债压力加重。应注意分析对评价表外业务的影响。

### 3. 资产变动的合理性与效率性分析评价

任何企业取得资产的目的都不是为了单纯占有资产，而是为了运用资产进行经营活动以实现企业的目标。资产变动是否合理，直接关系到资产生产能力的形成与发挥，并通过资产的利用效率体现出来，因此，对资产变动合理性与效率性的分析评价，可借助企业产值、销售收入、利润和经营活动现金净流量等指标。通过资产变动与产值变动、销售收入变动、利润变动及经营活动现金净流量变动的比较，能够对资产变动的合理性与效率性做出评价。

### 4. 权益资金变动对企业未来经营影响的分析评价

所有者权益的变动是企业财务状况的重要组成部分，它可以影响企业的经营决策。所有者权益的变化情况有以下几种：

（1）资本增加：当企业需要扩大规模或进行新的投资时，增加资本可以提高企业的融资能力，从而更容易获得融资支持。

（2）利润分配：企业的盈利水平直接影响所有者权益的分配。如果企业盈利水平高，可以考虑增加股东分红或进行股票回购等方式回报股东。

（3）资本减少：如果企业面临亏损或需要减少规模，可以考虑通过资本减少的方式来降低负债水平，从而减轻企业的财务压力。

（4）股权变动：股东之间的股权变动可以影响企业治理结构和经营决策。例如，如果某个股东持有较多的股份，可能会影响企业的战略决策或管理层的任命。

所有者权益的变动对企业的经营决策具有重要影响，企业应该密切关注所有者权益的变化，并根据实际情况制定相应的经营策略。

**任务实施**

### 一、资产趋势分析可视化仪表板

新建视觉对象簇状柱形图，将"0 年度"[年度]字段拖拽至 X 轴，把重要资产科目分别拖拽至 Y 轴，看看趋势变化，留下有比较明显趋势的科目，例如智飞生物公司趋势变化比较明显的资产项目有[货币资金]、[存货]、[应收账款]、[流动资产]和[总资产]。资产及重要科目趋势如图 4-9 所示。

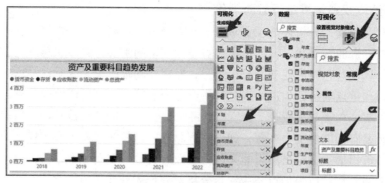

图 4-9 资产及重要科目趋势

年度切片器对此图起到筛选作用。要取消年度切片器对趋势图的筛选，在格式选项卡中单击"编辑交互"按钮，单击年度切片器，再单击趋势图右上角的圆形图标，取消年度切片器对此柱状图的筛选功能，如图4-10所示。

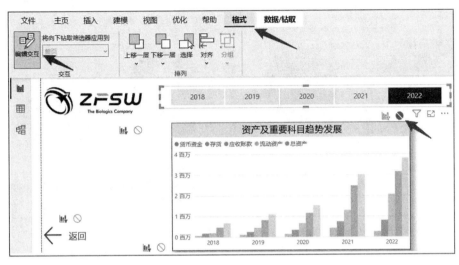

图4-10　取消编辑交互

再单击格式选项卡的"编辑交互"按钮，退出编辑交互模式，这时无论年度切片器怎么筛选，均不影响此柱形图。

## 二、负债及所有者权益趋势分析可视化仪表板

新建视觉对象百分比堆积柱形图，修改好标题、数据标签等视觉对象，取消年度切片器与负债及股东权益趋势图的编辑交互。结果如图4-11所示。

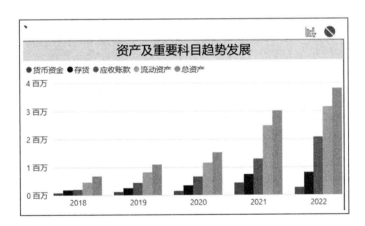

图4-11　负债及股东权益

最后，做三张卡片图，分别显示总资产、负债和所有者权益的值。完成整个页面的排

版及美化设计。也可以根据不同的分析需求,建立不同的分析模型,制作不同的可视化效果,如图4-12所示。

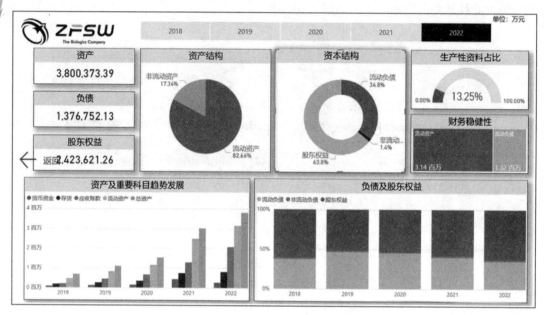

图4-12 资产负债表分析可视化

## 技能训练

### 一、操作题

选择一家制造业企业上市公司,根据分析需要,完成资产负债表分析仪表板。

### 二、撰写分析结论

通过对资产负债表的水平垂直分析和水平分析,写出结论评价:

1. 公司资产结构是怎样的?是保守型结构、稳健型结构、平衡性结构还是风险型结构?近年来有什么变化?你对此有什么看法?

2. 公司资本结构怎么样?近年来有什么变化?请给出你的评价。

3. 公司财务稳健性如何?有无偿付风险?

4. 公司属于重资产公司还是轻资产公司,根据公司所处的行业性质,你认为它的资产配置战略如何?

5. 公司重要资产、负债及权益类科目近几年有无显著变化?引起这些变化的原因是什么?对此你有什么看法?

### 三、制作资产负债表可视化报表

登录网中网大数据财务分析(BI版)平台,下载相关任务资料,利用Power BI完成伊利股份和光明乳业资产负债表可视化报表制作,示例如图4-13所示。

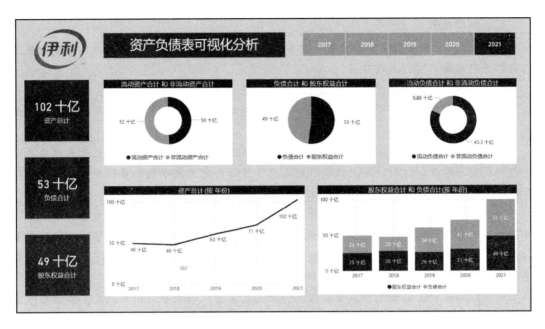

图 4-13　伊利集团与光明乳业资产负债表可视化

## 📖 资讯前沿

### 上海开展国有资产大数据分析，提升管理和服务智能化水平

近年来，国家相继发布了一系列重要文件，要求各级国资监管职能部门创新监管方式和手段，更多采用市场化、法治化、信息化监管方式，提高监管的针对性、实效性。上海围绕国资大数据"数据认责难、绩效考核难、业务协同难、合作开发难"等核心问题，通过建立"基于大数据的智能化国资监管和服务平台"，全面掌握市区两级国资委所监管的国有企业生产经营情况，实现对所监管企业集团的事前、事中、事后多维度在线监管，有效提升了管理和服务的智能化水平。

一、主要举措

一是以"大数据治理"为基础，推进信息化与国资监管业务的深度融合。建立以大数据治理为基础的"基于大数据的智能化国资监管和服务平台"，通过数据标准、元数据管理、主数据管理、数据血统管理、数据质量管理、数据安全管理、数据全生命周期管理建设，为国资监管数据应用和可视化展示提供良好的数据支撑。

二是以"国资监管智能化"为抓手，充分发挥数据价值。结合当前的智能化数据分析等相关技术，结合需求，实现了统一的数据管理、模块化的系统定制，为数据的融合分析和价值实现奠定了坚实的基础。

三是让"数据说话"，打造综合化的数据可视平台。通过国资监管大数据可视化建设，可将各类国资监管数据以文字、图形、报表、动画等智能化形式进行展示，进而打造多领域、多维度搜索、浏览功能，为国资监管大数据的最终应用形式指明了方向。

## 二、创新成效

"基于大数据的智能化国资监管和服务平台"已经成功在上海市、区两级国资委开展了应用部署和成果实践,成效显著。

一是一体化、集约化建设,降低落地成本。基于大数据的智能化国资监管和服务平台建设工作充分利用各级国资委产业链上下游现有资源,避免了重复投资,有效降低了建设成本。

二是集中管理、统一维护,降低维护成本。基于大数据的智能化国资监管和服务平台通过实现统一管理和维护,进而将有限的人力资源进行更为集中的配置利用,能够减少维护成本,更能提供安全、可靠的应用保障。

三是整体规划、分步建设,加快产业升级。基于大数据的智能化国资监管和服务平台建设,可从整体规划和分步建设两个维度,为国资监管大数据应用构建完整的服务和应用链条,从基础云设施、网络建设、数据中心、应用场景等多个层次实现上下游的带动,直接经济效益近1个亿,间接效益超过10亿。

四是数据驱动,提升国资监管能力。协助国资监管机构从事前指导出发,加强事中监控及事后绩效管理,实现国有资产全面监管。通过国资监管趋势性的问题量化为具体的指标,并作出预测和预估,为相关国有企业改革提供宏观决策依据。通过信息的透明化和公开化,减少企业改制时的不透明、难监控,避免国有资产流失。

(资料来源:https://www.ndrc.gov.cn/xwdt/ztzl/szhzxhbxd/zxal/202008/t20200812_1235993.html)

自学自测　扫描此码

# 模块五 利润表分析

**知识目标**

1. 了解利润表的结构和作用
2. 掌握利润表分析方法和思路
3. 掌握利润表的水平、垂直分析要点
4. 正确理解利润表所反映的企业价值与内涵

**能力目标**

1. 能够利用商业智能分析工具分析利润表的结构和趋势变化,建立模型并制作动态交互可视化报告
2. 能够多维度对利润表进行分析评价,撰写分析结论

**素养目标**

1. 培养数据思维能力
2. 培养建模开发能力
3. 具备认真严谨的工作态度,培养终身学习的习惯

利润表也称为损益表、收益表,是反映企业在一定会计期间的经营成果的财务报表。它反映的是某一期间的情况,因此又被称为动态报表。

本模块主要分析企业如何组织收入、控制成本费用支出实现盈利的能力,评价企业的经营成果。同时通过利润表收支结构和业务结构分析,分析与评价各专业业绩成长对公司总体效益的贡献,以及不同分公司经营成果对公司总体盈利水平的贡献,评价企业的可持续发展能力。

## 任务一　利润表结构分析

利润表的利润总额由营业利润、营业外收支净额和投资收益构成。通过分别计算营业利润、营业外收支净额和投资收益在利润总额中的比重,判断利润结构是否合理。

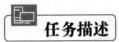

建立数据分析模型并做出动态可视化效果仪表板,根据利润表结构分析仪表板解析企业利润总额结构的合理性,借此对企业未来获利能力的稳定性做出判断。

### 一、利润总额的结构

分别计算营业利润、营业外收支净额和投资收益在利润总额中的比重,如图 5-1 所示。如果营业外收益和投资收益比重过高,说明企业的经营状况不正常。如果连续几年都是这个情况,并且收益极度不稳定的话,必须采取补救措施。

图 5-1  利润总额构成

### 二、利润总额构成的经济含义

营业利润由营业收入减去营业成本、营业税金及附加、销售费用、管理费用、财务费用和资产减值损失,再加上公允价值变动收益和投资收益组成,也可以称为经营利得。企业的经营能力和盈利能力主要通过营业利润体现出来,营业利润占利润总额的比重较大时,企业的获利能力才较稳定、可靠。

营业外收支净额是营业外收入与营业外支出的差额。营业外收支对企业的经营状况和财务状况产生的影响非常明显。企业在进行投资和经营活动时,一定要注意控制营业外支出,减少不必要的损失,以保障企业的持续健康发展。同时,积极争取营业外收入,并加强资产管理,提高管理水平,进而提高企业的盈利能力。

投资收益反映的是建立在资本运营前提下的产业或产品结构的调整情况及其相应的获利能力。通过政府的补贴收入或关联交易的方式提高上市公司的利润水平,是不稳定、不可靠的,对此企业的投资者应予以重点关注。

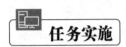

### 一、报表关系的建立

在 Power BI Desktop 模型"主页"菜单栏中单击"转换数据",进入 Power Query 查询编辑器整理数据。将"利润表-300122"改名为"2-1 利润表",将辅助表中的"利润类别"表导入到 Power Query 中,改名为"2-2 利润类别"表,便于模型中报表的有序排列。

并将第一行用作标题，添加一列索引列，将报表整理成规范的一维表，如图 5-2 所示。

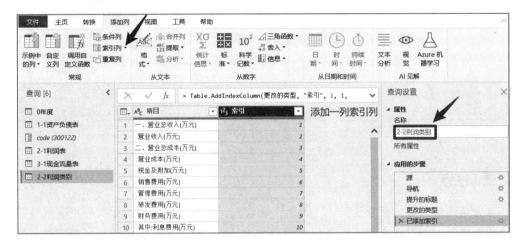

图 5-2　Power Query 查询编辑器

单击"关闭并应用"，将报表上载到 Power BI 模型中。在模型视图中，"0 年度"[年度]字段应与"2-1 利润表"[年度]字段建立"一"对"多"的关系，"2-2 利润类别"[项目]字段应与"2-1 利润表"[项目]字段之间建立"一"对"多"的关系，如图 5-3 所示。

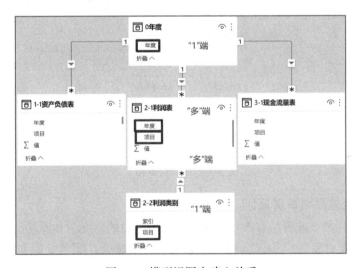

图 5-3　模型视图内建立关系

## 二、建立度量值

**1. 建立"营业收入"度量值**

返回数据视图中，定位到"2-1 利润表"，单击表工具栏中的"新建度量值"，建立利润表内第一个科目"营业收入"的度量值，如图 5-4 所示。

模块五　利润表分析

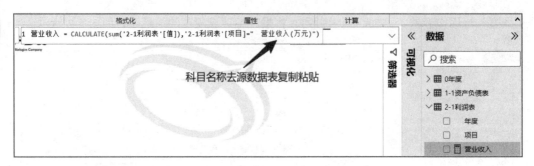

图 5-4 "营业收入"度量值

### 注意

度量值筛选科目"营业收入（万元）"的输入，要到数据源 Excel 文件中复制粘贴，防止输入错误，如图 5-5 所示。不同的源数据表科目名称可能不一样，一定要完整复制粘贴 Excel 单元格内整个数据。

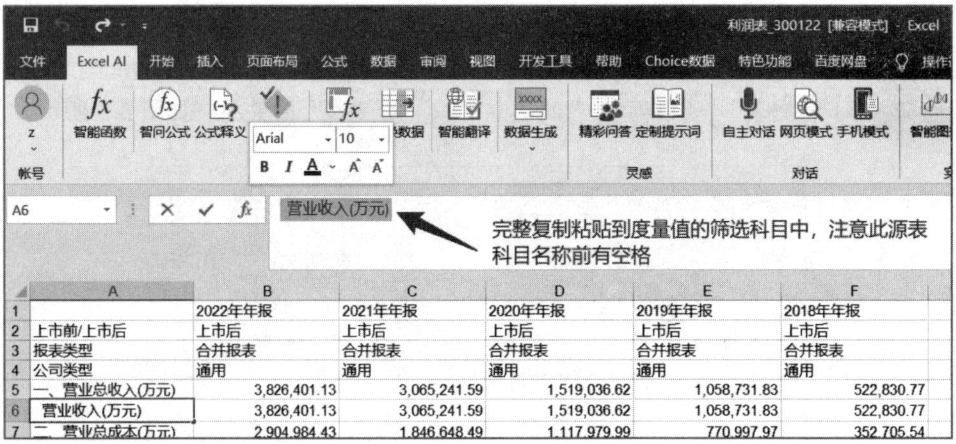

图 5-5 利润表数据源

### 2. 建立其他重要科目度量值

新建年度切片器，或者将资产负债表分析仪表板中的年度切片器复制到利润表分析仪表板中，选择视觉对象"不同步"。建立所需的科目度量值，如[营业成本]、[税金及附加]、[研发费用]、[销售费用]、[管理费用]、[财务费用]、[投资收益]、[营业利润]、[营业外收入]、[营业外支出]、[利润总额]、[所得税费用]、[净利润]、[基本每股收益]。注意项目在源数据表中的科目名称，可以用卡片图检查一下度量值是否可以正确显示。利润表度量值如图 5-6 所示。

可以根据自己的需要建立[资产减值损失]、[公允价值变动损益]等度量值。[资产减值损失]度量值表示企业有资产损失，如果过大，要考察其真实性。[公允价值变动损益]考察企业当年投资入股别的企业是否挣钱，如果几年出现较大金额的负数，则表示此投资可能失败。

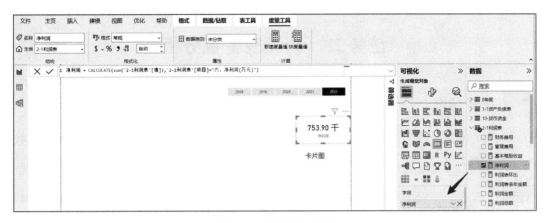

图 5-6 利润表度量值

**3. 建立项目绝对值度量值**

建立三个新度量值,分别是[营业利润绝对值]、[营业外净收支绝对值]和[投资收益绝对值]。因为利润项目不一定是正值,我们要考察利润总额中各项目的份额,所以需要用到项目值的绝对值。

营业利润绝对值 = abs([营业利润])
营业外净收支绝对值 = abs([营业外收入] – [营业外支出])
投资收益绝对值 = abs([投资收益])

## 三、结构分析可视化仪表板

新建一个视觉对象——饼图或者圆环图,将[营业利润绝对值]、[营业外净收支绝对值]和[投资收益绝对值]拖拽到值字段,更改显示名,优化可视化效果,如图 5-7 所示。

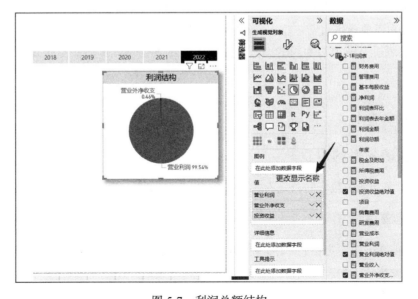

图 5-7 利润总额结构

模块五 利润表分析

# 任务二　利润表垂直分析

利润表垂直分析，即根据利润表中的资料，通过计算各因素或各种财务成果在营业收入中所占的比重，分析说明财务成果的结构及其增减变动的合理程度。

建立数据分析模型并做出动态可视化效果仪表板，剖析利润表中各相关项目之间的内在钩稽关系，将表内每个项目都与营业收入相比，用于发现有显著问题的项目，揭示进一步分析的方向。

## 一、利润表垂直分析

利润表垂直利润分析，既可从静态角度分析评价报告期利润构成状况，也可从动态角度，对实际利润构成与标准或基期利润构成进行分析评价。

## 二、利润表垂直分析步骤

1. 通过对净利润、营业外收入等利润项目占营业收入比重的相关分析，明确单位收入形成中各环节的贡献或影响程度。
2. 通过对营业成本占营业收入比重的分析评价，揭示企业成本水平。
3. 利润表垂直通过对期间费用占营业收入的比重分析评价，揭示企业期间费用管理水平。

## 一、报表关系的建立

检查模型视图中报表间关系有无正确建立。

## 二、建立度量值

返回数据视图中，定位到"2-1 利润表"，新建度量值[利润表金额]和[占收入比重]。

利润表金额 = CALCULATE（sum（'2-1 利润表 '[值]）

占收入比重 = DIVIDE（[利润表金额]，[营业收入]）×100%

## 三、制作垂直分析可视化仪表板

**1. 导入新视觉对象**

除了 Power BI Desktop 中现成的可视化效果外，还有其他开发人员创建的海量视觉对象可供选择。先将本书教学资源包中提供的视觉对象下载并保存在本地电脑中。在"可视化"效果窗格中，选择"从文件导入视觉对象"图标，选择导入华夫饼图。新的视觉对象将显示在"可视化"效果窗格中其他视觉对象下方，如图 5-8 所示。

图 5-8　华夫饼图视觉对象

**2. 垂直分析**

将"2-1 利润表"[项目]拖拽到[Category Data]字段，将[占收入比重]拖拽到[Values]字段，打开筛选器，筛选类型选择"基本筛选"，选择[净利润]、[营业成本]、重要期间费用等项目度量值，观察比重数值大小，保留数值变化明显的项目，并修改标题等视觉化效果，完成视觉对象的设置，如图 5-9 所示。

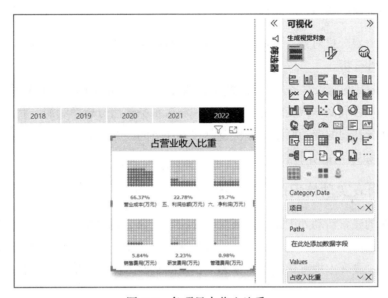

图 5-9　各项目占收入比重

# 任务三　利润表水平分析

### 任务情境

利润表水平分析从利润形成方面反映利润额的变化情况,主要通过对利润表中分析期各项数据与上期数据或预算数据等标准的横向对比,找出形成利润的各项收入与支出与过去或预算标准的变化或差距,分析其原因及合理性,从而进一步揭示企业在利润形成中的会计政策、管理业绩及存在的问题。

### 任务描述

建立数据分析模型并做出动态可视化效果仪表板,将连续多年的利润表科目并列在一起,比较各期有关科目的金额,分析某些指标增减变动情况,在此基础上判断其发展趋势,从而对未来可能出现的结果进行预测。

### 知识预备

通过编制利润的水平分析表,将利润表各项目的本期数与上期数进行比较,说明企业各损益项目增减变动的情况。水平分析表的编制可以采用增减变动百分比(相对数)的方式。

## 一、利润表水平分析步骤

第一步,确定分析对象。利润表各项目的增减变动分析是对企业盈利状况及其变化趋势进行的总体性分析。

第二步,编制利润表水平分析表,计算各项目增减变动情况的横向差异及增减百分比。

第三步,从净利润增减变动分析入手,利润表水平逐层分析净利润、利润总额、营业利润及主营业务利润的变动原因,评价企业在各环节的经营成效,揭示企业在利润形成过程中的管理业绩及存在的问题。

## 二、利润表变动情况的分析评价

如果企业的经营活动处于持续健康发展的状态,那么利润表中的各项数据应呈现出持续稳定发展的趋势。若利润表中的主要项目数据出现异动,突然大幅度上下波动,各项目之间出现背离,或者出现恶化趋势,则表明企业的某些方面发生了重大变化,为判断企业未来的发展趋势提供了重要线索。

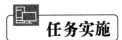 **任务实施**

## 一、报表关系的建立

检查模型视图中报表间关系有无正确建立。

## 二、建立度量值

### 1. 建立[利润表去年金额]度量值

利润表去年金额 =
var lastyear = SELECTEDVALUE（'2-1 利润表'[年度]）-1
return
CALCULATE（sum（'2-1 利润表'[值]），'2-1 利润表'[年度]=lastyear）

> **注意**
>
> 为了让度量值便于理解，度量值内回车用 Alt+Enter 键来实现。

### 2. 建立[利润表环比]度量值

利润表环比 = DIVIDE（[利润表金额]–[利润表去年金额]，[利润表去年金额]）

> **注意**
>
> [利润表环比]度量值要调成百分比形式，并保留两位小数。

## 三、制作水平分析可视化仪表板

### 1. 建立矩阵视觉对象

在可视化对象中选择矩阵，拖拽至画布空白处，将"利润类别"[索引]、[项目]拖拽至行字段，"2-1 利润表"[年度]拖拽至列字段，[值]拖拽至值字段，并取消矩阵与年度切片器的编辑交互，如图 5-10 所示。

> **注意**
>
> [利润表去年金额]度量值内的[年度]字段来源一定要同后面建立的可视化对象矩阵表[年度]字段来源保持一致，在此度量值内[年度]字段用的是"2-1 利润表"[年度]，那么矩阵表列字段应该也用"2-1 利润表"[年度]，而不是其他表的[年度]。否则利润环比值无法正确显示。

### 2. 水平分析表

右键单击索引列，在弹出的菜单中选择"扩展至下一级别"，打开利润表的各科目，各科目就会按照索引值正确排序，如图 5-11 所示。

在设置视觉对象格式搜索框中搜索"渐变布局"，保持关闭，并关闭"列小计""行小计"，如图 5-12 所示。

将[利润表环比]度量值拖拽至值字段，更改值显示名称。因为 2018 年以前报表是没有数据的，所以无法计算出环比值，右键单击矩阵 2018 年列，排除 2018 年数据，如图 5-13 所示。

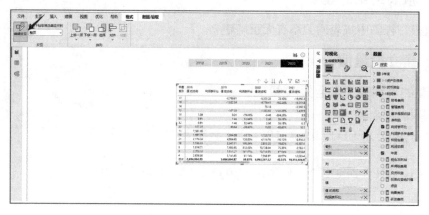

图 5-10 矩阵视觉对象

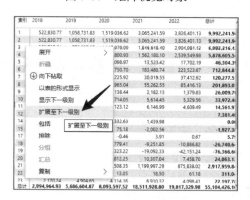

图 5-11 各项目占收入比重

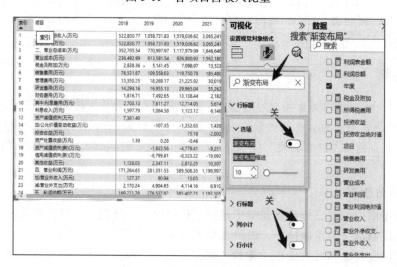

图 5-12 关闭渐变布局和小计

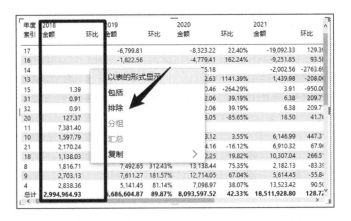

图 5-13　排除 2018 年数据

将项目列拖拽遮住索引列，并调整字体大小、对齐方式等矩阵视觉对象效果，如图 5-14 所示。

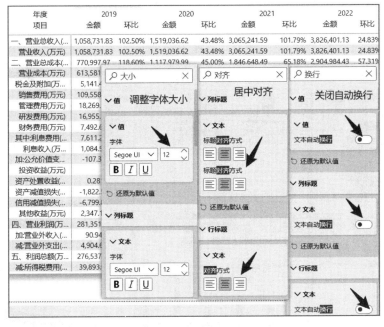

图 5-14　调整视觉效果

### 注意

如果此矩阵表出现空白行，是因为辅助报表里的"利润类别"表科目与数据源利润表的科目不一致，在辅助报表的"利润类别"内添加新科目，保存关闭并刷新即可。

**3. 利润表趋势分析仪表板**

新建簇状柱形图和分区图，也可根据分析需要换成其他能显示利润科目趋势的可视化效果，完成期间费用和营业收入、营业成本和净利润的趋势分析仪表板，并取消与年度切片器的编辑交互，如图 5-15 所示。

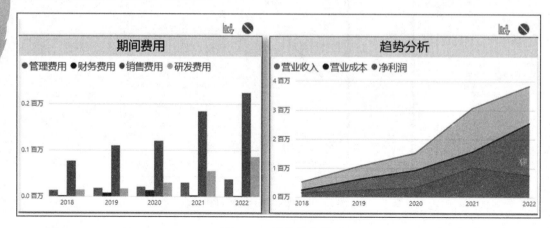

图 5-15　趋势仪表板

最后，调整画布页面布局，美化图表。也可根据分析需要，建立不同的分析模型，制作不同的可视化效果，如图 5-16 所示。

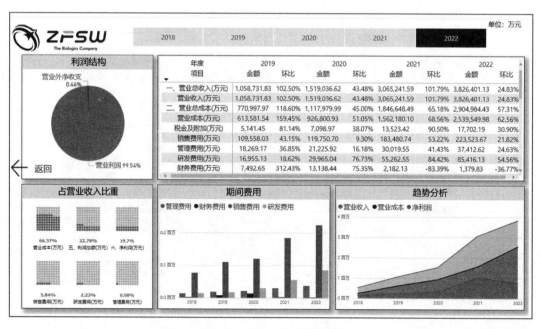

图 5-16　利润表分析仪表板

## 📖 资讯前沿

### 国家统计局：2022 年工业企业利润结构有所改善

国家统计局昨日公布数据显示，2022 年全国规模以上工业企业营业收入同比增长 5.9%，规模以上工业企业利润同比下降 4%，但企业利润结构有所改善，装备制造业利润占比上升，多数消费品行业利润有所改善，企业成本压力有所缓解。

"受多重超预期因素影响，叠加上年同期基数较高，规模以上工业企业利润比上年下降。其中，钢铁、石油加工及疫苗制造行业利润降幅较大，下拉作用较为明显，剔除上述行业后，其他规上工业企业利润比上年增长5.6%。"国家统计局工业司高级统计师朱虹表示。

从行业表现看，2022年装备制造业利润同比增长1.7%，占规上工业的比重为34.3%，比上年提高2个百分点。13个主要消费品行业中，有8个行业利润比前11月的数据改善。

电气机械行业是拉动工业利润增长最多的制造业行业。受新能源产业的带动，2022年其利润增长31.2%，增速连续8个月加快。

企业成本压力有所缓解。2022年12月，企业每百元营业收入中的成本首次由增转降，同比减少0.05元。2022年规模以上工业企业每百元营业收入中的成本为84.72元，比前11月、前三季度分别减少0.08元、0.13元。

朱虹分析认为，单位成本下降有利于企业利润恢复和改善。企业库存增速也持续回落，库存周转有所加快，有利于提高资金利用效率，促进工业生产恢复。

展望未来，植信投资研究院宏观高级研究员罗奂劼称，我国工业生产抗风险和自我修复能力较强，一揽子稳经济政策持续作用下，工业企业的经营状况有望在2023年一季度企稳回升，企业利润在二季度由降转升的可能性较大。

朱虹强调，下阶段，要大力提振市场信心，积极扩大国内有效需求，巩固工业企业效益企稳回升基础，推动2023年工业经济运行整体好转。

（资料来源：https://paper.cnstock.com/html/2023-02/01/content_1720962.htm）

 **技能操作**

一、操作题

选择一家制造型企业上市公司，根据分析的需要，完成利润表分析仪表板。

二、撰写分析结论

结合任务中的利润表分析要点，对上市公司利润表作出评价。

1. 利润结构中哪方面占比最大，对此你有什么评价？
2. 将利润表各项目的本期数与上期数进行比较，说明企业各损益项目增减变动的情况。
3. 说明营业利润、投资收益、营业外收支净额的趋势。
4. 说明期间费用的趋势。
5. 说明收入、成本、净利润的趋势。

以上科目有没有出现突然大幅度上下波动的情况，各项目之间有没有出现背离，或者出现恶化趋势？引起这些变化的原因是什么？对此你有什么看法？

三、制作利润表可视化报表

登录网中网大数据财务分析（BI版）平台，下载相关任务资料，利用PowerBI完成锦江酒店和南都物业利润表可视化报表制作。

自学自测　　扫描此码

# 模块六 存货项目分析

**知识目标**

1. 了解存货的重要性
2. 掌握存货分析方法和思路

**能力目标**

1. 能够辨别存货的质量
2. 利用商业智能分析工具建立模型并制作存货分析可视化报告
3. 能够多维度对存货进行分析评价,撰写分析结论

**素养目标**

1. 具备认真严谨的工作态度
2. 培养终身学习的习惯

存货,是指企业在日常活动中持有的以备出售的产成品或商品、处在生产过程中的在产品、在生产过程或提供劳务过程中耗用的材料和物料等。存货是资产负债表中非常值得关注的一个科目,是企业盈利的物质载体,是企业的一项重要的流动资产,所占比重较大,对于公司的风险影响和财务状况来说至关重要。同时存货在会计上可操作调整的空间非常大。

## 任务一 存货的结构分析

**任务情境**

存货结构是指材料、在产品、产成品占存货的比例。正常情况下存货结构应该保持相对的稳定,在分析市场规模如果发现存货比重变化较大,应进一步查明原因。由于存货是企业放在仓库中的产品,有降价或者卖不出去的风险,所以存货要计提跌价准备。

**任务描述**

由于存货余额是对企业资金的占用,而不同行业、不同规模的公司的存货水平不同,

因此，比较存货水平时可以采用存货占资产比重。此外，还要考察存货的种类和比例，以反映企业的经营特点和产品结构。将其与公司历史指标的变化做对比，将其与行业均值或可比公司做对比，以评估企业存货占用资金的程度。

对存货建立数据分析模型并做出动态可视化效果仪表板，了解企业主要经营范围和产品销售情况，为企业未来的经营决策提供参考。

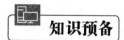

## 一、存货占资产比重

存货的规模，也就是存货占总资产或者流动资产的比例，是考察企业经营稳定性的一个重要方面。一般来说，存货余额太多不好，存货的比例过大（存货的周转率过低），将不可避免地占用企业的资金，影响企业的资金流动，影响企业的付现偿债能力，降低企业的"活力"。存货的比重用存货占流动资产比率来表示，对于一般制造业而言，存货占流动资产比例以不超过30%为宜。

$$存货占流动资产比率 = \frac{存货}{流动资产} \times 100\%$$

## 二、存货构成

如果存货主要构成是库存商品，而且库存商品增长幅度大过整个存货增长幅度，说明企业产销衔接不好，造成了商品积压。如果存货增长幅度过大的原因是原料，则要根据情况分析。如果是因为市场看好而大量采购原材料当然是再好不过，但要警惕做假的可能性。如果成品在库房里堆积如山而原材料的库存却在下降，意味着公司的产品销售遇到了麻烦。如果原材料库存增加而成品数量减少，则意味着公司业务状况良好，管理层由于预期销售将增长而开始囤积原材料库存。这些细节也要结合财务报表附注进一步印证。

当然，存货的构成分析也要根据行业特点来考量，比如高档白酒行业，库存商品的比例一般比较大，但并不意味着产品销路不畅或者存货管理出现问题。

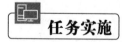

### 一、数据获取及清洗

从巨潮网下载公司五年来年度报告至本地文件夹，报表内重要科目的细分数据要从年度报告中获取，如图6-1所示。

分析财务报表时一定要关注会计报表附注，会计报表附注是对财务报表内某一科目的解释和补

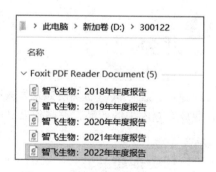

图6-1 下载并保存年度财务报告

充,很多看不见的风险或机会都蕴藏在附注中。我们要分析存货科目,就要在年度报告中查阅存货科目的详细附注信息。打开 2022 年年度报告,在搜索栏中搜索"存货",定位到存货科目附注信息,找到"存货分类"。获取 2022 年、2021 年存货构成的详细数据,新建 Excel 工作表保存,并依次获取 2018—2020 年的存货结构详细数据,将工作簿重命名为"存货",另存到本地同一文件夹内,如图 6-2 所示。

（1）存货分类

| 项目 | 2022 | | | 2021 | | |
|---|---|---|---|---|---|---|
| | 期末余额 | | | 期初余额 | | |
| | 账面余额 | 存货跌价准备或合同履约成本减值准备 | 账面价值 | 账面余额 | 存货跌价准备或合同履约成本减值准备 | 账面价值 |
| 原材料 | 238,732,248.44 | 2,862,645.97 | 235,869,602.47 | 247,962,185.20 | 211,861.15 | 247,750,324.05 |
| 在产品 | 202,515,593.09 | 6,062,865.96 | 196,452,727.13 | 199,555,403.63 | 16,555,601.72 | 182,999,801.91 |
| 库存商品 | 7,589,114,497.61 | 1,067,374.10 | 7,588,047,123.51 | 7,016,981,237.52 | 62,430,637.59 | 6,954,550,599.93 |
| 低值易耗品 | 101,238.97 | | 101,238.97 | 95,549.10 | | 95,549.10 |
| 合计 | 8,030,463,578.11 | 9,992,886.03 | 8,020,470,692.08 | 7,464,594,375.45 | 79,198,100.46 | 7,385,396,274.99 |

单位:元

| | A | B | C | D | E | F |
|---|---|---|---|---|---|---|
| 1 | 项目 | 2022 | 2021 | 2020 | 2019 | 2018 |
| 2 | 原材料 | 235,869,602.47 | 247,750,324.05 | 91,448,432.79 | 40,616,578.22 | 30,956,007.17 |
| 3 | 在产品 | 196,452,727.13 | 182,999,801.91 | 69,167,170.04 | 73,128,263.03 | 49,791,692.62 |
| 4 | 库存商品 | 7,588,047,123.51 | 6,954,550,599.93 | 3,244,489,895.85 | 2,370,257,640.64 | 1,702,744,542.83 |
| 5 | 周转材料 | | | | 280 | 280 |
| 6 | 低值易耗品 | 101,238.97 | 95,549.10 | 483,880.70 | 475,188.19 | 810,310.74 |

图 6-2  存货科目细分数据

将存货表导入 Power Query 中,通过抬标题、对第一列进行逆透视,规范数据类型,完成存货数据源表的整理,如图 6-3 所示。

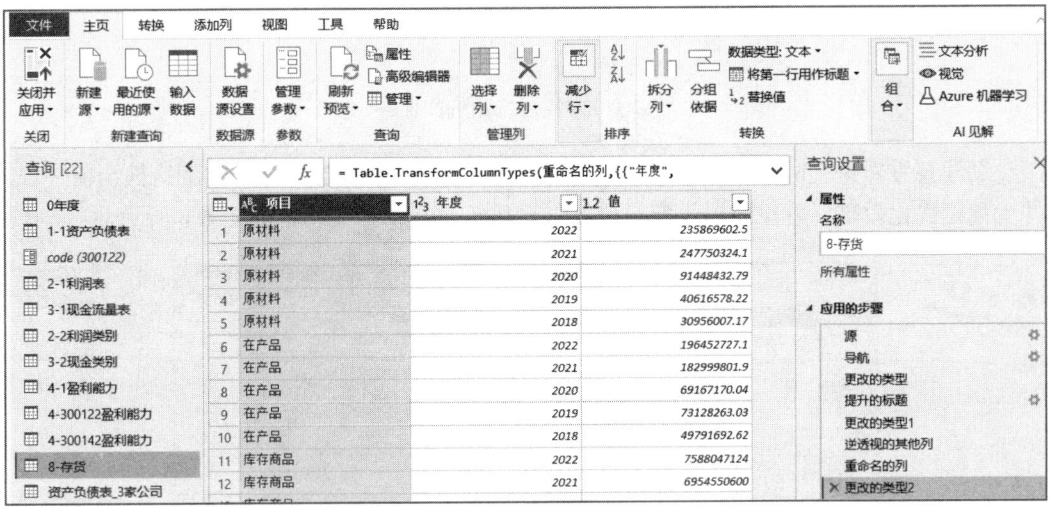

图 6-3  整理数据

模块六  存货项目分析

关闭并应用，到模型视图内检查"0 年度"[年度]字段和"8-存货"[年度]字段是否自动建立"一"对"多"的关系，如果没有，手动建立联系。报表关系如图 6-4 所示。

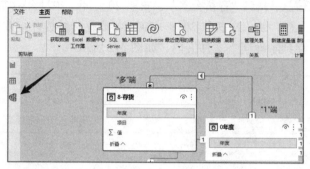

图 6-4　报表关系

## 二、建立度量值

在存货表内新建度量值[存货占流动资产的比率]，考察存货资产占比大小。
存货占流动资产比率 = DIVIDE([存货],[流动资产])

💡 注意

将比率数据格式设置为百分比格式，并保留两位小数。

## 三、结构分析可视化仪表板

新建视觉对象仪表板，将[存货占流动资产比率]度量值拖拽至值字段，并优化可视化效果。可以使用年度切片器查看每年存货占资产的比重分布，如图 6-5 所示。

图 6-5　存货占流动资产比率

新建视觉对象，饼图或者圆环图，将"8 存货"[项目]拖拽至图例，[值]拖拽至值字段，并优化可视化效果。可以使用年度切片器查看每年存货结构分布，如图 6-6 所示。

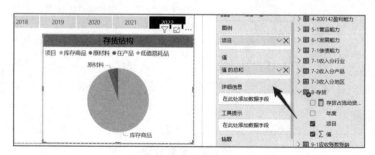

图 6-6　存货结构

# 任务二　存货趋势分析

从各项存货项目占存货总额相对比重的连续分析中判断企业的采购、生产、销售情况是否正常。比较存货的规模、企业收入增速和存货增速，判断企业经营和管理水平。

建立数据分析模型并做出动态可视化效果仪表板，查看存货各项指标变动趋势，挖掘有显著问题的项目，判断公司经营情况。

## 一、存货增长与收入增长之间的关系

存货与收入增长的趋势关系可以直接反映公司经营的变化趋势。当收入增速高于存货增速时，市场扩张，需求旺盛，公司经营状况良好；当收入增速低于存货增速时，表明产品滞销，库存积压，是向下的趋存货本身规模的变化幅度，也能很直观地感受到趋势的变化。当存货数量大幅下降时，即使收入表现没有明显恢复，也可以判断公司库存清理已经初战告捷，未来发展可期；当存货数量大幅增加且高于收入增速时，即使收入增速不错，也是一个需要引起注意的警报信号。

## 二、存货比重变化趋势

从各项存货项目占存货总额相对比重的连续分析中判断企业的采购、生产、销售情况是否正常。

### 任务实施

### 一、报表关系的建立

检查模型视图中报表间关系有无正确建立。

### 二、建立度量值

本任务中无需建立度量值。

## 三、存货趋势仪表板

### 1. 存货结构及变动趋势仪表板

新建视觉对象丝带图，将"8-存货"[年度]拖拽至 X 轴，"8-存货"[项目]和[值]拖拽至相应的字段，优化视觉效果，观察五年来存货细分类目的变化趋势。存货结构及变动趋势如图 6-7 所示。

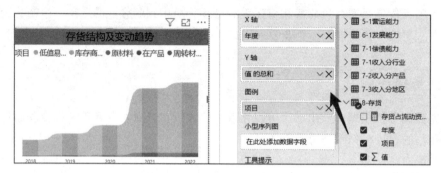

图 6-7　存货结构及变动趋势

### 2. 存货规模及变动趋势仪表板

新建视觉对象折线和簇状柱形图，将"0 年度"[年度]拖拽至 X 轴，度量值[存货]和[营业收入]拖拽至列 y 轴，[存货占流动资产比率]拖拽至行 y 轴，并优化视觉对象效果，查看五年来存货和营业收入增长变动的关系和存货占比的变化趋势。具体如图 6-8 所示。

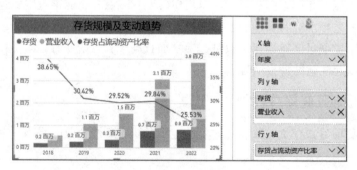

图 6-8　存货规模及变动趋势

# 任务三　存货管理效率分析

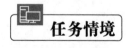

存货的管理效率可以从存货周转率和存货周转天数指标来考察。存货周转率是企业经营效率的重要指标之一，可以反映企业存货利用效率和库存管理水平。存货周转率越高，存货周转天数越少，说明企业库存周转速度越快，资金利用效率越高。

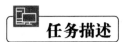**任务描述**

建立[存货周转率]和[存货周转天数]度量值,观察指标的大小及变动趋势,做出动态可视化效果仪表板,分析某些指标增减变动情况,在此基础上判断其发展趋势,从而对未来可能出现的结果进行预测。

**知识预备**

### 一、存货周转率

存货周转率是在某一时间段内存货周转的次数,它是衡量和评价企业购入存货、投入生产、销售收回等各环节管理状况的综合性指标。存货周转率由于是期初和期末存货的平均值,时间跨度大,精准度不高,特别是在期初存货和期末余额变化幅度较大的情况下,其可能存在失真,所以,用报告期存货平均值来计算准确性更高。

$$存货周转率 = \frac{营业成本}{(期初存货 + 期末存货)/2}$$

### 二、存货周转天数

存货周转天数是指企业从取得存货开始,至消耗、销售为止所经历的天数。

$$存货周转天数 = \frac{365}{存货周转率}$$

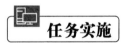**任务实施**

### 一、新建比率表

在后面的分析中需要建立多个跨表引用度量值,可以新建一张度量值表统一存放。单击表工具菜单栏中"新建表",取名为"比率表",输入"比率表 = row("财务比率",blank())",用于存放后续建立的各种财务分析度量值。新建比率表如图6-9所示。

图6-9 新建比率表

> **注意**
>
> 比率表与模型内其他表无关联关系。

模块六 存货项目分析

## 二、建立度量值

在比率表内新建度量值[年初存货]。
年初存货 =
var lastyear = SELECTEDVALUE('0 年度'[年度])-1
return
CALCULATE(sum('1-1 资产负债表'[值]),'1-1 资产负债表'[项目] = "存货(万元)",'0 年度'[年度]=lastyear)

再建立度量值[存货周转率]和[存货周转天数]。
存货周转率 = DIVIDE([营业成本],([存货]+[年初存货])/2)
存货周转天数 = DIVIDE(365,[存货周转率])

> **注意**

在[年初存货]度量值的建模过程中，CALCULATE 函数内筛选字段[年度]一定要与变量"last year"中的字段[年度]同源，此例中都是"0 年度"[年度]，为了让度量值便于理解，度量值内回车用 Alt+Enter 键来实现。

## 三、制作存货分析可视化仪表板

### 1. 存货周转率和存货周转天数卡片图

新建三个卡片图，分别存放[存货周转率]、[存货周转天数]、[存货占流动资产比率]，用年度切片器查看每年存货财务指标，并优化视觉效果，如图 6-10 所示。

图 6-10　卡片图

### 2. 存货周转率趋势

建立存货周转率趋势折线图，注意排除 2018 年数据，如图 6-11 所示。

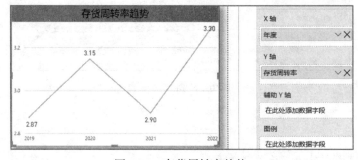

图 6-11　存货周转率趋势

2018 年的存货周转率和存货周转天数不准确，单击年度切片器，打开筛选器，取消勾选 2018 年，如图 6-12 所示。

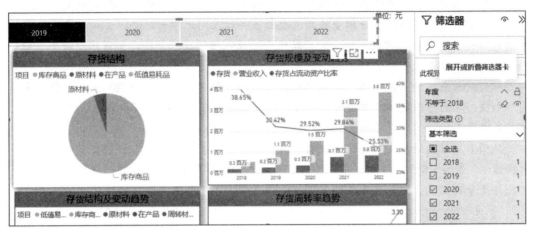

图 6-12　筛选器筛选

最后，完成页面整体布局并优化视觉效果，如图 6-13 所示。

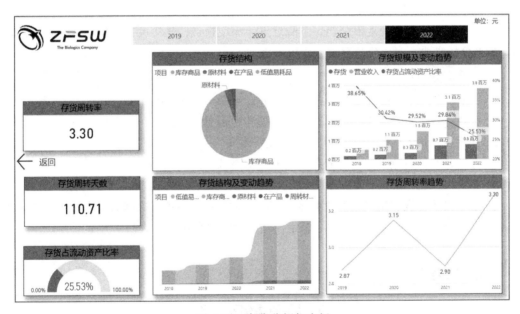

图 6-13　存货分析仪表板

## 📖 资讯前沿

### 产业链上下游运行常态化　供应链循环畅通

央视网消息：随着市场进一步畅通，物流活动趋于活跃，物流业总收入呈现加速恢复

模块六　存货项目分析

态势，物流供给稳步恢复，物流周转有所加快。

2023年1—4月，物流业总收入同比增长7.5%，增速比一季度提高0.8个百分点。其中，运输仓储服务、快递领域贡献显著，拉动物流业总收入增长超过5个百分点。

从企业经营情况看，重点调查的物流企业业务收入同比增长近20%，增速比一季度提高5个百分点。其中，邮政快递、仓储物流企业收入增势良好，铁路、道路运输企业增势平稳，水上运输企业则持续回落。

从行业景气水平来看，物流行业继续位于较高景气区间。从物流循环来看，物流仓储周转加快，助力产销衔接水平提升。4月份物流业商品库存周转次数指数仍位于52%左右的较高水平，物流周转有所加快。

从国家统计局近期发布的统计数据来看，截至3月末，工业存货、产成品存货增速分别回落1.7个和1.6个百分点，显示工业多领域进入去库存阶段。特别是汽车、电气设备等领域存货量明显减少，显示产业链上下游运行逐渐恢复常态化、供应链循环更加畅通。

（资料来源：https://news.cctv.com/2023/05/30/ARTIxmtPbvbig3Z4UsPuqH0W230530.shtml）

## 技能操作

### 一、操作题

选择一家制造型企业上市公司，下载近五年年度报告，从年度报告中爬取存货相关数据，根据分析需要，完成公司存货分析仪表板。

### 二、撰写分析结论

结合任务中的存货科目分析要点，对上市公司存货管理作出评价。

1. 存货占流动资产比率过高、过低还是适中？有什么意义？
2. 存货占比最大的是什么科目？有什么意义？
3. 存货详细科目近五年的趋势如何？有什么意义？
4. 作出可视化存货周转率。
5. 以上科目有没有出现突然大幅度上下波动的情况，各项目之间有没有出现背离，或者出现恶化趋势？引起这些变化的原因是什么？对此你有什么看法？

自学自测　扫描此码

# 模块七 现金流量表分析

 **知识目标**

1. 熟悉现金流量表的结构和基本内容
2. 理解现金流量表的作用
3. 掌握现金流量表水平、垂直分析方法和思路

 **能力目标**

1. 能够利用商业智能分析工具分析现金流量表的结构和趋势变化,建立模型并制作动态交互可视化报告
2. 能够多维度对现金流量表进行分析评价,撰写分析结论

 **素养目标**

1. 具备职业判断力,分析财务指标变化动因
2. 培养自主分析的能力,训练逻辑严密的工程思维
3. 培养敏锐的洞察力,能评估分析需求,建立分析体系

现金流量表是反映企业在一定会计期间内现金和现金的等价物流入和流出(收入和支出)的报表,是企业一定期间的经营活动、投资活动的动态财务报表。现金流量表反映的是企业的赚钱能力,告诉报表阅读者现金来源、应用及其增减变动的情况。通过现金流量表所提供的信息,企业的投资者和债权人可以评估企业未来获取现金的能力。企业的经济活动通常分为经营活动、投资活动和筹资活动三种,这三种活动都会产生现金流入和流出。

由于现金流量表的信息是根据可靠的原始凭证对现金收入与现金支出进行确认,减少了主观因素的影响,可有效地限制企业调控利润,促使企业加强债权、债务管理,增强现金支付能力。

## 任务一 现金流量表垂直分析

 **任务情境**

现金流量表的垂直分析又称结构分析,其通过计算企业各项现金流入量占现金总流入

量的比重,以及各项现金流出量占现金总流出量的比重,揭示企业经营活动、投资活动和筹资活动的特点,以及对现金净流量的影响方向和程度。

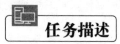

建立数据分析模型并作出动态可视化效果仪表板,通过计算企业各项现金流入量占现金总流入量的比重,以及各项现金流出量占现金总流出量的比重,揭示企业经营活动、投资活动和筹资活动的特点及对现金净流量的影响方向和程度。

### 一、现金流量表的结构

现金流量表的垂直分析包括流入结构、流出结构和流入流出比分析。流入结构分析现金流入量的主要来源;流出结构分析当期现金流量的主要去向,有多少现金用于偿还债务,以及在三项活动中,支付现金最多的用于哪些方面。

### 二、现金流量表垂直分析的经济含义

现金流量表垂直分析,目的在于揭示现金流入量和现金流出量的结构情况,从而抓住企业现金流量管理的重点。

#### 1. 现金流入结构

现金流入结构分为总流入结构和内部流入结构。总流入结构反映企业经营活动的现金流入量、投资活动的现金流入量和筹资活动的现金流入量分别占现金总流入量的比重。内部流入结构反映的是经营活动、投资活动和筹资活动等各项业务活动现金流入中具体项目的构成情况。现金流入结构分析可以明确企业的现金来自哪里,增加现金流入应在哪些方面采取措施等。

#### 2. 现金流出结构

现金流出结构分为总流出结构和内部流出结构。现金总流出结构反映了企业经营活动的现金流出量、投资活动的现金流出量和筹资活动的现金流出量分别在全部现金流出量中所占的比重。内部现金流出结构反映的是经营活动、投资活动和筹资活动等各项业务活动现金流出中具体项目的构成情况。现金流出结构可以表明企业的现金来自哪里,要节约开支应从哪些方面入手等。

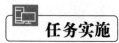

### 一、报表关系的建立

在 Power BI Desktop 模型"主页"菜单栏中单击"转换数据",进入 Power Query 查

询编辑器整理数据。将"现金流量表-300122"改名为"3-1 现金流量表",并整理规范,便于模型中报表的有序排列。Power Query 导入现金流量表如图 7-1 所示。

图 7-1　Power Query 导入现金流量表

单击"关闭并应用",将报表上载到 Power BI 模型中。在模型视图中,检查一下"0 年度"[年度]同"3-1 现金流量表"[年度]是否建立好"一"对"多"的关系。关系视图如图 7-2 所示。

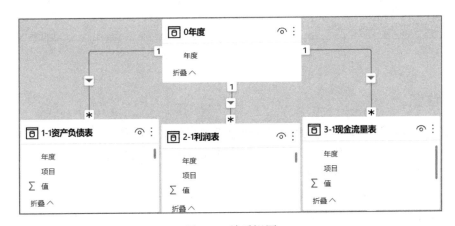

图 7-2　关系视图

## 二、建立度量值

返回数据视图中,定位到"3-1 现金流量表",单击表工具栏中的新建度量值,建立现金流量表第一个科目"经营现金流入"度量值,如图 7-3 所示。

图 7-3　经营现金流入度量值

模块七　现金流量表分析

> **注意**

科目"经营活动现金流入小计（万元）"的输入，去数据源 Excel 文件中复制粘贴，防止输入错误。现金流量表数据源如图 7-4 所示。不同的源数据表科目名称可能不一样，一定要完整复制粘贴整个数据。

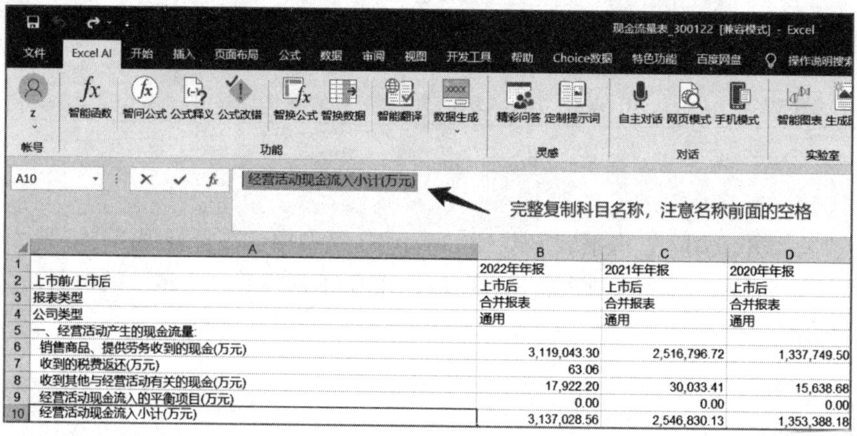

图 7-4　现金流量表数据源

> **注意**

建立度量值之前，要检查源数据现金流量表内有无重复的科目，本书所用数据源是从 Choice 金融终端里免费获取的，此系列数据源现金流量表补充资料中有些科目与报表科目重复，如[经营活动产生的现金流量净额平衡项目]、[经营活动产生的现金流量净额]等，在建立度量值的时候要特别注意。如以[经营现金净额]为例：

经营现金净额 = CALCULATE(sum('3-1 现金流量表'[值]), '3-1 现金流量表'[项目] = "经营活动产生的现金流量净额(万元)")/2。

### 三、现金流量表垂直分析仪表板

#### 1. 现金流入、流出结构

新建视觉对象饼图，将现金流入的三个度量值拖拽到饼图的值字段，更改值字段名，并优化可视化效果。同样再制作现金流出结构的圆环图，现金流入、流出结构如图 7-5 所示。

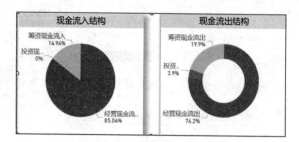

图 7-5　现金流入、流出结构

**2. 制作三级现金流量表拆解图**

以期初现金为例，新建一个卡片图，将[期初现金]拖拽至字段，设置字体大小、标题等视觉对象格式，再依次制作其他科目的卡片图，优化视觉效果。如图 7-6 所示。

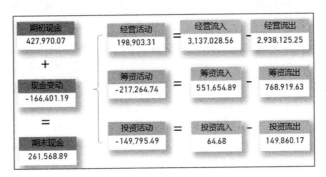

图 7-6　现金流量表拆解图

# 任务二　现金流量表水平分析

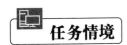

现金流量表水平分析，即根据现金流量表中的资料各项数据与上期数据或预算数据等标准的横向对比，分析其原因及合理性，帮助企业了解现金流历史变化趋势和风险情况，为制定未来的经营和财务决策提供参考。

### 任务描述

制作现金流量表水平分析可视化仪表板，对比不同时期现金流量情况，帮助企业了解不同时间段的现金流量变化。表中应包含不同时间段的现金流量项目、金额和变动率等信息，方便进行对比和分析。

### 一、现金流量表水平分析的意义

采用现金流量表水平分析，可以说明企业当期现金流量产生的原因，还能揭示本期现金流量与前期或预计现金流量的差异。

### 二、现金流量表水平分析步骤

**1. 分析经营活动、投资活动和筹资活动现金流**

水平分析要关注经营活动、投资活动和筹资活动的现金流量变动情况，从而了解企业现金流量管理的情况。具体分析步骤如下：

经营活动现金流：该项现金流量反映企业主营业务所产生的现金流入和现金流出情况，也是企业现金流量的主要来源。通过对比不同时间段经营活动现金流量的变化情况，可以了解企业主营业务的变化趋势。若经营活动现金流量出现下降趋势，则需要进一步分析经营业绩的原因和影响。

投资活动现金流：该项现金流量反映企业投资活动（如购买固定资产和投资其他企业）所产生的现金流入和现金流出情况。通过对比不同时间段投资活动现金流量的变化情况，可以了解企业是否扩大投资、缩小投资或投资方向变化。若投资活动现金流量出现上升趋势，可能意味着企业正在进行大规模扩张或外部收购等活动。

筹资活动现金流：该项现金流量反映企业筹资活动（如发行股票、发行债券和还本付息）所产生的现金流入和现金流出情况。通过对比不同时间段筹资活动现金流量的变化情况，可以了解企业的融资需求和融资方式的变化。若筹资活动现金流量减少，可能是企业已经还清了借款或减少了股票和债券的发行。

**2. 综合分析现金流量和利润的变化趋势**

现金流量表和利润表是企业财务报表中最重要的两个部分。通过综合分析这两个报表的变化趋势，可以更全面地了解企业的经营状况。若现金流量增加而利润不增长，可能是企业收入增加但成本上升，需要寻找优化成本的方法。若利润增加而现金流量不增长，可能是企业收入虽然增长，但收款周期加长，需及时催收账款。

**3. 分析现金支付能力及趋势**

分析经营活动现金净流量与流动负债的比值，用现金流动负债比率来表示，反映企业偿还将要到期债务的能力。如果此比率大于或者等于1，表示企业能以经营挣来的钱偿还短期债务，安全系数高；如果此比率小于1，表明企业正常经营所获得的现金连将到到期的债务都还不起了，只能借钱还款，深陷债务危机。

分析经营活动现金净流量与净利润的比值，用经营现金比率表示，反映企业获取现金的能力，说明公司净利润中多少变成了实实在在的现金。该比率越大越好，持续大于1是优秀企业的重要特征，意味着公司商品服务供不应求，买家不断打款来订货。另一种情况是有些公司折旧比较高，但折旧实际上并不支出现金，也会使经营活动现金净流量持续高于净利润。如果比率持续小于1，净利润质量堪忧，挣了钱收不回现金，问题很多，但该比率房地产业不适用。

分析销售商品提供劳务收到现金与营业收入的比率，用销售现金比率表示，销售商品提供劳务现金包含了增值税，所以此比率理想数据是1.16左右。通常这个比值大于1，说明企业绝大部分款项都已经收到了，基本可以认为公司运转良好，商业地位稳固。如果这个数字远远小于1，证明大量款项被作为应收账款欠着，也有可能是虚增收入。

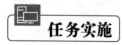
**任务实施**

### 一、报表关系的建立

检查模型视图中报表间关系有无正确建立。

## 二、建立度量值

建立度量值[现金流动负债比][经营现金比率][销售现金比率]

现金流动负债比 = DIVIDE([经营现金净额],[流动负债])

经营现金比率 = DIVIDE([经营现金净额],[净利润])

销售现金比率 = DIVIDE([销售商品提供劳务收到的现金],[营业收入])

> **注意**
>
> 比率度量值都要调成百分比形式，并保留两位小数。

## 三、制作水平分析可视化仪表板

### 1. 历年现金余额

新建视觉对象簇状条形图，将"0 年度"[年度]拖拽至 Y 轴，"3-1 现金流量表"[期末现金]拖拽至 X 轴，并取消与年度切片器的编辑交互。历年现金余额如图 7-7 所示。

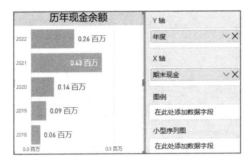

图 7-7　历年现金余额

### 2. 制作现金趋势图

新建视觉对象折线和簇状柱形图，将"0 年度"[年度]字段拖拽至 X 轴，"3-1 现金流量表"[经营现金净额]、"2-1 利润表"[净利润]拖拽至列 y 轴，"比率表"[现金流动负债比]、[经营现金比率]、[销售现金比率]拖拽至行 y 轴，优化视图显示效果，并且取消与年度切片器的编辑交互。现金趋势如图 7-8 所示。

图 7-8　现金趋势

模块七　现金流量表分析

再制作三个卡片图，以方便查看三个反映现金质量的度量值，如图7-9所示。

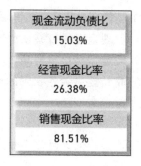

图7-9 卡片图

最后调整画布页面布局，美化图表，如图7-10所示。也可根据分析需要，建立不同的分析模型，制作不同的可视化效果。

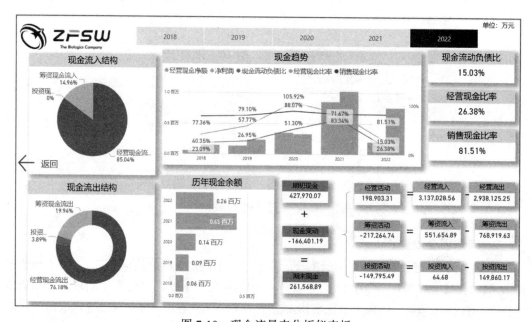

图7-10 现金流量表分析仪表板

## 📖 资讯前沿

### 国家税务总局：今年已为企业减负增加现金流超1.6万亿元

党的十八大以来，我国先后出台一系列减税降费措施，今年实施的新的组合式税费支持政策更是为市场主体减负纾困的关键一招。税务部门有关负责人介绍，目前政策落实进展顺利。

国家税务总局副局长王道树：我们今年来已为企业减轻税费负担和增加现金流超过1.6万亿元，这些政策红利为企业特别是中小微企业及个体工商户纾困解难、提振信心发挥了重要作用。

据介绍，这1.6万亿元主要包括：一是4月1日至5月16日，共有9 796亿元留抵退税款退至企业账户，再加上一季度继续实施此前出台的留抵退税老政策1 233亿元，今年共有11 029亿元退税款退到纳税人账户；二是一季度全国新增减税降费1 980亿元；三是今年以来继续实施的制造业中小微企业缓缴税费3 778亿元。

此外，税务部门对骗取留抵退税违法行为坚持露头就打、打早打小、打准打狠，4月1日至5月16日，共立案检查涉嫌骗取留抵退税企业2 880户，全国已公开曝光留抵骗税案件118起，坚决不让减税降费的"红包"落入不法分子的腰包。同时，累计曝光25起税务人员失职失责受到处理的案件，特别是极少数内外勾结被立案审查的案例，坚决做到"打铁必须自身硬"。

（资料来源：https://content-static.cctvnews.cctv.com/snow-book/index.html?share_to=wechat&item_id= 6733401022950323191&track_id=0574B733-5282-479A-B5D7-999BCDDDF8F3_674466633093）

### 一、操作题

选择一家制造型企业上市公司，根据分析需要，完成现金流量表分析仪表板。

### 二、撰写分析结论

结合任务中的现金流量表分析要点，对该上市公司现金流量表作出评价。

1. 现金流入三大活动历年来占比结构如何，对此你有什么评价？
2. 现金流出三大活动历年来占比结构如何，对此你有什么评价？
3. 将现金流量表各项目的本期数与上期数进行比较，说明企业各现金流量项目增减变动的情况。
4. 现金流入流出的趋势，销售商品提供劳务收到的现金与现金流入的趋势如何？
5. 现金的支付能力如何？

以上科目有没有出现突然大幅度上下波动的情况，各项目之间有没有出现背离，或者出现恶化趋势？引起这些变化的原因是什么？对此你有什么看法？

自学自测　扫描此码

# 模块八 收入项目分析

 **知识目标**

1. 了解营业收入的构成
2. 掌握营业收入质量分析方法和思路
3. 理解收入真实性

 **能力目标**

1. 能够利用商业智能分析工具分析营业收入的维度结构和趋势变化,建立模型并制作动态交互可视化报告
2. 能够判断收入的真实性,评价企业盈利能力,撰写分析结论

 **素养目标**

1. 培养流程思维能力
2. 培养建模开发能力
3. 具备良好的逻辑、严谨认真的工匠精神

营业收入,是企业在生产经营活动中,因销售产品或提供劳务而取得的各项收入,它不但是企业利润的基础,也是货币资金的主要来源,同时也是财务分析的起点。营业收入分为主营业务收入和其他业务收入。

根据管理和经营决策的不同需求,在对营业收入分析时,可从不同维度进行,常见营业收入分析的维度有:收入的结构、收入的趋势、企业盈利能力、营业收入的真实性等。

## 任务一 收入的结构和趋势分析

 **任务情境**

根据管理决策的需要,我们可以从不同角度对营业收入进行划分,分别向管理者提供不同的信息。常见的有按产品、按行业、按地区、按项目等进行划分,从而了解不同项目对营业收入贡献度和公司采取的发展战略。

**任务描述**

对营业收入按照行业、区域、产品线等维度进行划分,建立数据分析模型并作出动态可视化效果仪表板,了解企业主要经营范围和产品结构情况,为企业未来的经营决策提供参考。

**知识预备**

### 一、行业分析

将营业收入按照行业、产品(业务线)结构划分,有利于快速了解一个企业的产品结构变化,把握企业的发展趋势。一般来说,产品代表着企业所在的行业,行业都有生命周期,不同生命周期的行业带给企业的影响是不同的。一个相对成熟的行业,竞争相对平衡,企业难以脱颖而出;而成长型的行业中,企业往往能获得较高的收入增长。

### 二、区域分析

企业的营业收入往往存在地域差异,对于从事区域性销售的企业来说更加明显。分析营业收入的地域分布可以了解企业在不同地域的市场占有率和竞争力,有助于企业制定营销策略和资源配置。收入集中于某一较小地区的企业存在一定地域风险,同时收入也可能会遇到天花板效应。当该地区经济、社会发生较大的变动时,会对收入产生比较重大的影响。

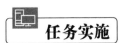

**任务实施**

### 一、数据获取及清洗

**1. 数据获取**

营业收入的详细数据从公开的历年年度报告中获取。打开2018—2022年年度报告,在搜索栏中搜索"营业收入",定位到"营业收入构成"。获取2018—2022年营业收入分行业、分产品和分地区构成的详细数据,分成三张工作表保存,工作簿重命名为"营业收入",放置到本地数据源同一文件夹内,如图8-1所示。

**2. 数据导入**

将"营业收入"工作簿的三张报表导入Power Query中,通过抬标题、对第一列进行逆透视,规范数据类型,完成"8-1收入分行业""8-2收入分产品""8-3收入分地区"数据源表的整理。关闭并应用,将数据上载到Power BI Desktop模型,如图8-2所示。

模块八 收入项目分析

**（1）营业收入构成**

营业收入整体情况

单位：元

| | 2022 年 | | 2021 年 | | 同比增减 |
| --- | --- | --- | --- | --- | --- |
| | 金额 | 占营业收入比重 | 金额 | 占营业收入比重 | |
| 营业收入合计 | 38,264,011,331.74 | 100% | 30,652,415,906.61 | 100% | 24.83% |
| 分行业 | | | | | |
| 生物制品 | 38,260,160,010.26 | 99.99% | 30,628,958,674.52 | 99.92% | 24.91% |
| 其他 | 3,851,321.48 | 0.01% | 23,457,232.09 | 0.08% | -83.58% |
| 分产品 | | | | | |
| 自主产品 | 3,285,457,349.98 | 8.59% | 9,697,480,143.81 | 31.64% | -66.12% |
| 代理产品 | 34,974,702,660.28 | 91.40% | 20,931,478,530.71 | 68.28% | 67.09% |
| 其他 | 3,851,321.48 | 0.01% | 23,457,232.09 | 0.08% | -83.58% |
| 分地区 | | | | | |
| 东北 | 1,437,448,947.12 | 3.76% | 890,420,461.18 | 2.90% | 61.43% |
| 华北 | 4,045,316,306.18 | 10.57% | 4,695,279,774.24 | 15.32% | -13.84% |
| 西北 | 1,636,550,452.09 | 4.28% | 1,106,754,079.81 | 3.61% | 47.87% |

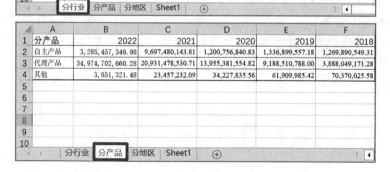

图 8-1　获取分行业、分地区、分产品明细数据

图 8-2　数据整理清洗

### 3. 模型内关联关系建立

模型视图内检查"0年度"[年度]字段和三张表[年度]字段有没有建立"一"对"多"的关系，如图 8-3 所示。

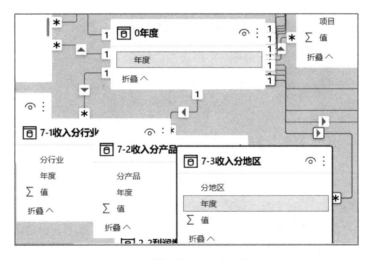

图 8-3　模型视图内建立关系

## 二、建立度量值

本任务无需建立度量值。

## 三、制作可视化仪表板

### 1. 行业结构，产品结构

新建视觉对象饼图和圆环图，年度切片器，按年度查看分产品和分行业的收入情况，并优化可视化效果，如图 8-4 所示。

模块八　收入项目分析

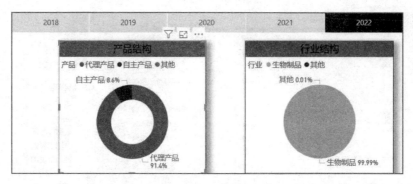

图 8-4　分产品、分行业收入结构

### 2. 地区结构和收入趋势

新建视觉对象簇状条形图，根据历年地区收入最大值确定 X 轴的最大值，便于直观地区别每年地区收入大小，可以使用年度切片器查看每年分地区收入的结构分布，并优化可视化效果，如图 8-5 所示。

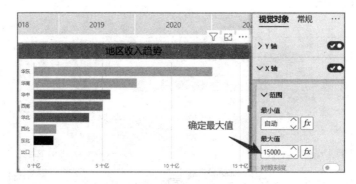

图 8-5　分地区收入结构

### 3. 词云效果

从本地文件中导入新视觉对象词云，使用年度切片器查看每年分地区收入的结构分布，地区字体大小代表收入的多少，并优化可视化效果，如图 8-6 所示。

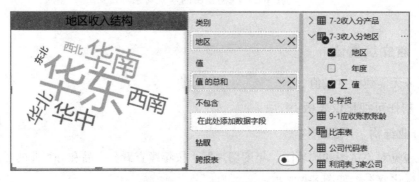

图 8-6　地区收入结构词云

# 任务二　盈利能力及收入真实性分析

### 任务情境

从企业的角度看，企业从事生产经营活动，根本目的是最大限度地赚取利润并维持企业持续稳定的经营和发展。持续、稳定的经营和发展是获取利润的基础，而盈利能力又是企业持续稳定发展的目标和保证。因此，盈利能力是企业管理者最重要的业绩衡量标准，也是管理者发现问题、改善企业经营的突破口。

利润的起点是营业收入，由于信息的不对称，上市公司营业收入存在舞弊的可能性。因此，识别收入的真实性显得尤为重要。通过财务指标的设置和计算，可初步识别企业营业收入是否真实。

### 任务描述

建立数据分析模型并作出动态可视化效果仪表板，查看盈利能力重要指标和收入真实性财务指标的趋势变化，判断企业盈利能力变化与营业收入数据是否可靠。

### 知识预备

#### 一、盈利能力之毛利率

毛利率，指营业收入与营业成本的差额同营业收入之间的比率。

$$毛利率 = \frac{营业收入 - 营业成本}{营业收入} \times 100\%$$

#### 二、盈利能力之净利率

净利率，指净利润与营业收入之间的比率。

$$净利率 = \frac{净利润}{营业收入} \times 100\%$$

#### 三、收入真实性之现金收现比

现金收现比指销售商品和提供劳务收到的现金对营业收入的比率。该指标反映公司每1元营业务收入中，有多少实际收到现金的收益。

$$现金收现比 = \frac{销售商品收到的现金}{营业收入} \times 100\%$$

一般情况下，该比率是在剔除了应收账款给公司带来的风险的情况下，从现金流入的角度反映销售收入的实际情况。该比率如果大于1，说明不仅当期收入全部收到现金，而且还收回以前期间的应收账款，盈利质量较好；如果该比率小于1，说明当期有部分收入没有收到现金。

模块八　收入项目分析

## 四、收入真实性之应收账款占营业收入比重

应收账款占营业收入比重是一个重要的财务指标,反映了企业的收款能力和资金运营情况。一般来说,应收账款占营业收入比重越高,说明企业的收款能力越弱,资金周转能力越差。因此,企业需要及时采取措施,加强应收账款管理,提高资金周转效率,保证企业的稳定发展。

$$应收账款占营业收入比重 = \frac{应收账款}{营业收入} \times 100\%$$

继续考查此指标的连续性,一般情况下应收账款与营业收入应该是同比增长。如果应收账款增速高于营业收入增速,表明企业营业收入质量降低,那么收入的真实性也值得商榷。

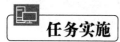

## 一、报表关系的建立

检查模型视图中报表间关系有无正确建立。

## 二、建立度量值

建立[毛利率]、[净利率]、[现金收现比]、[应收账款占营业收入比重]四个度量值。
毛利率 = DIVIDE([营业收入] – [营业成本],[营业收入])
净利率 = DIVIDE([净利润],[营业收入])
现金收现比 = DIVIDE([销售商品提供劳务收到的现金],[营业收入])
应收账款占营业收入比重 = DIVIDE([应收账款],[营业收入])

**注意**

比率度量值的数据类型都要调成百分比格式。

## 三、盈利能力及收入真实性仪表板

新建视觉对象折线和簇状柱形图,将"0 年度"[年度]拖拽至 X 轴,"2-1 利润表"[营业收入]、[净利润]拖拽至列 y 轴,"比率表"[毛利率]、[净利率]、[现金收现比]、[应收账款占营业收入比重]拖拽至行 y 轴,并优化视觉效果,观察企业盈利能力的变化和收入真实性,如图 8-7 所示。

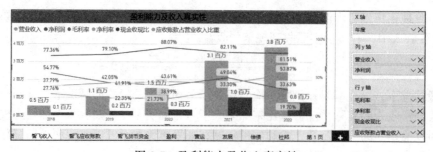

图 8-7 盈利能力及收入真实性

最后，完成页面整体布局并优化视觉效果。也可以根据分析需要，建立不同的分析模型，制作不同的可视化仪表板，如图 8-8 所示。

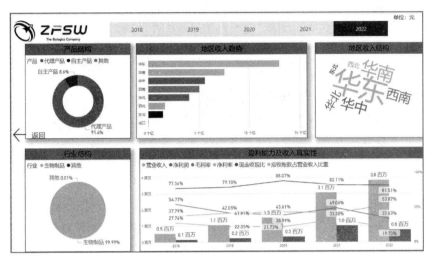

图 8-8　整体布局

## 📖 资讯前沿

**2022 年我国境内上市公司共实现营业收入 71.53 万亿元　同比增长 7.2%**

央视网消息：近日，中国上市公司协会发布《中国上市公司 2022 年经营业绩分析报告》。主要内容如下：

2022 年境内首发上市公司 424 家，总数增至 5 079 家。注册制改革释放活力，上市公司群体持续壮大，引领高质量发展态势明显。

**一、整体保持平稳增长，公司业绩分化明显**

2022 年全年，境内上市公司共实现营业收入 71.53 万亿元，同比增长 7.2%；实现净利润 5.63 万亿元，同比增长 0.8%，整体业绩保持平稳增长态势。分板块看，科创板全年营收增速领先，达 29.3%；创业板净利润增速领先，达 11.3%。

**二、产业格局加速演化，"双循环"相互促进**

分行业看，上市公司所属的 18 个国民经济门类行业中，11 个门类行业营收正增长，8 个门类行业净利润正增长。房地产业，住宿和餐饮业，教育业，居民服务、修理和其他服务业亏损。制造业整体净利润略有下滑，29 个制造业大类行业中电气机械和器材制造业、农副食品加工业等 12 个大类营收、净利双增长。

2022 年出口形成巨大推动力，海外业务占比超 30% 的上市公司平均净利润增速超 10.3%，远超上市公司平均水平，外贸展现较强韧性。优势公司加快国际化布局。

**三、资本市场功能显著提升，金融服务实体经济持续深化**

全市场金融类上市公司 2022 年实现营收 9.85 万亿元，同比下降 1.9%；净利润 2.45 万亿元，同比增长 0.9%。42 家上市银行资产规模保持高增长（平均增速 11.4%），信贷结构优化，科技贷款、制造业贷款、绿色信贷余额保持高增幅，支持实体经济，发力重点领域，服务国家重大战略。

上市银行整体净息差承压，营收、净利润增速较去年放缓，同期计提资产拨备率下降。受境内外资本市场波动、居民消费意愿减弱等影响，证券业、保险业上市公司净利润同比分别下滑 34.5%、15.1%。

### 四、创新发展动能增强，立体化推进高质量发展

上市公司统筹质的有效提升和量的合理增长进一步深化。在加快科技自立自强步伐中积极作为，内生增长动力不断增强，研发投入持续保持高水平。2022 年全市场上市公司研发投入合计 1.66 万亿元，比上年增加 0.27 万亿元；平均研发强度 2.32%，同比提高 0.25 个百分点。上市公司充分发挥需求牵引主力军作用，促进科技成果转化和产业化水平不断提高，2022 年底累计披露专利数量超 140 万个，较上年增长 17% 以上。积极凝聚科技研发人才，2022 年上市公司披露研发人员共 257 万人，全力推动各产业补链强链升链延链。

### 五、重视 ESG 核心价值，持续分红增强股东回报

上市公司在保税收、促就业、利民生等践行社会责任方面发挥重要作用。2022 年全年上市公司合计贡献税收 4.79 万亿元，占全国税收总额的 28.7%；新增员工人数 68.88 万人，占全年城镇新增就业人口的 5.7%，其中汽车行业新增员工数量超 30 万人，电力设备新增超 20 万人，医药生物、机械设备、基础化工、建筑装饰行业均新增员工超 5 万人。全年支付职工薪酬共 6.24 万亿元。上市公司积极承担社会责任，展现企业担当；积极服务国家战略，持续增加资金投入，优化帮扶模式，成为乡村振兴的有生力量。

（资料来源：https://m.gmw.cn/2023-04/29/content_1303359443.htm）

 技能操作

#### 一、操作题

选择一家制造型企业上市公司，下载五年来年度报告，从年度报告中爬取营业收入相关数据，根据分析需要，完成公司营业收入分析仪表板。

#### 二、撰写分析结论

对收入科目作出评价：

1. 公司收入趋势如何？并给出自己的观点。

2. 公司哪一类产品最挣钱？销售收入什么占比最大？公司核心业务是什么？并给出自己的观点。

3. 公司收入地区主要集中在哪一块？也就是对哪个区域依赖性最大？

4. 考察公司应收占比比率连续性。

以上科目有没有出现突然大幅度上下波动的情况，各项目之间有没有出现背离，或者出现恶化趋势？引起这些变化的原因是什么？对此你有什么看法？

扫描此码 自学自测

# 模块九 应收账款项目分析

1. 了解应收账款管理的目的与意义
2. 掌握应收账款分析的方法和思路

1. 能够利用商业智能分析工具分析应收账款，建立模型并制作动态交互可视化报告，评估现有应收账款信用政策的优劣
2. 能够辅助制定应收账款信用政策，撰写分析结论

1. 培养数据分析、建模开发能力
2. 培养全面企业管理财务观和控制观，树立内部控制理念

应收账款是指企业在正常的经营过程中因销售商品、产品、提供劳务等业务，应向购买单位收取的款项，包括应由购买单位或接受劳务单位负担的税金、代购买方垫付的各种运杂费等。应收账款是伴随企业的销售行为发生而形成的一项债权。

对应收账款的进行分析，有利于评价企业销售部门的经营绩效，加快货款回笼，减少坏账损失；有利于财务报表使用者更好的理解公司资产状况。

## 任务一 应收账款账龄分析

应收账款账龄是指企业应收账款自成立至今的时间长度及其金额分布规律，反映了企业的经营状况和资金回笼情况。账龄越长，回收风险越大。若超出信用期仍未收款，回收风险变大，可能与客户存在合同纠纷或产品质量问题等情形，导致款项无法及时收回，或者客户财务状况恶化支付不起所欠的货款。如果是虚构的交易，那么就不存在实际现金回款的原始支撑，只能长期挂账，通过坏账来逐步消化掉。应收账款账龄分析可以帮助评估

经营风险，提高现金流管理和风险控制能力。

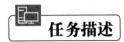

制作应收账款历年来账龄分布模型，判断企业应收账款质量。

具体从账龄上来看，一年以内的应收账款占比越大越好，三年以上的占比越小越好。年限越长，说明企业的应收账款质量越差，可回收性越不好，将对企业今后的盈利产生潜在的冲击。当然，也要结合企业所处的行业特性来看，长账龄也可能跟企业所在的行业性质相关，比如一些收入与款项结算不同步的企业，账上确认的是暂估应收款，与客户正式结算取得发票后才形成正式的应收账款，在这种情况下，因为暂估应收款项和正式的应收款项在财务报表里无法区分，所以，长账龄的应收账款特殊情况下的可回收性风险可能并不大。

### 任务实施

#### 一、数据获取及清洗

从巨潮网下载公司五年来年度报告至本地文件夹，报表内重要科目的细分数据要从年度报告中获取，如图 9-1 所示。

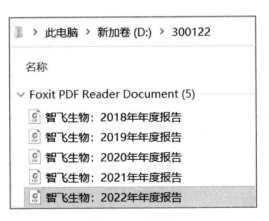

图 9-1　年度报告

打开 2018—2022 年年度报告，在搜索栏中搜索"应收账款"，获取历年按账龄披露的应收账款账面余额详细数据，新建 Excel 工作簿保存到本地同一文件夹内，工作表命名为"应收账款账龄"，如图 9-2 所示。

将"应收账款账龄"导入 Power Query 中，通过抬标题、对第一列进行逆透视，整理数据类型，完成应收账款账龄源数据表的整理，如图 9-3 所示。

按账龄披露

单位：元

| 账龄 | 账面余额 |
|---|---|
| 1年以内（含1年） | 20,638,447,552.33 |
| 其中：0-6月以内 | 16,733,074,338.72 |
| 7-12月 | 3,905,373,213.61 |
| 1至2年 | 729,071,005.97 |
| 2至3年 | 78,576,174.71 |
| 3年以上 | 26,955,261.67 |
| 3至4年 | 14,638,211.30 |
| 4至5年 | 3,509,554.00 |
| 5年以上 | 8,807,496.37 |
| 合计 | 21,473,049,994.68 |

| 账龄 | 2022 | 2021 | 2020 | 2019 | 2018 |
|---|---|---|---|---|---|
| 0-6月以内 | 16,733,074,338.72 | 11,740,929,305.03 | 5,321,305,775.13 | 3,984,123,050.65 | 1,827,627,736.75 |
| 7-12月 | 3,905,373,213.61 | 1,163,514,446.19 | 625,756,108.76 | 513,712,571.29 | 160,264,461.00 |
| 1至2年 | 729,071,005.97 | 341,756,729.35 | 91,164,654.90 | 68,257,005.56 | 33,523,342.99 |
| 2至3年 | 78,576,174.71 | 35,189,129.73 | 3,605,596.00 | 10,538,375.00 | 20,472,071.78 |
| 3至4年 | 14,638,211.30 | 5,971,003.00 | 950,795.00 | 10,593,700.41 | 25,167,737.42 |
| 4至5年 | 3,509,554.00 | 3,972,641.00 | 834,042.00 | 10,386,854.20 | 6,078,196.00 |
| 5年以上 | 8,807,496.37 | 14,839,448.65 | 4,347,388.18 | 8,759,070.98 | 11,671,452.98 |

图 9-2　应收账款数据源整理

图 9-3　数据整理清洗规范化

图 9-4　模型视图内建立关系

关闭并应用，在模型视图内检查"0 年度"[年度]和"9-应收账款账龄"[年度]有没有建立"一"对"多"的关系，如图 9-4 所示。

## 二、制作账龄分析可视化仪表板

### 1. 应收账款账龄分布趋势图

新建视觉对象丝带图，将"9-应收账款账龄"[年度]拖拽至 X 轴，"9-应收账款账龄"[账龄] 拖拽至图例，"9-应收账款账龄"[值]拖拽至 Y 轴，并优化可视化效果，可以按年度查看账龄分布的情况，如图 9-5 所示。

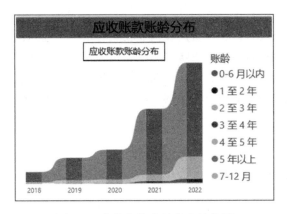

图 9-5　应收账款账龄分布趋势图

**2. 应收账款账龄分布结构图**

新建视觉对象饼图，联合年度切片器，按年度查看应收账款不同账龄所占比例的大小，如图 9-6 所示。

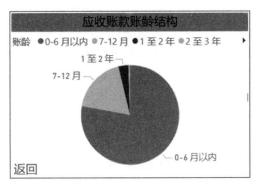

图 9-6　应收账款账龄分布结构图

# 任务二　应收账款规模及变动情况分析

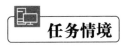**任务情境**

应收账款规模分析是一个重要的财务分析主题，旨在揭示企业在销售产品或服务后未收回应收金额的规模和状况。通过对应收账款规模的分析，企业可以了解其财务状况、经营绩效和现金流状况，从而制定更有效的经营策略。在其他条件不变的情况下，应收账款会随着销售规模的增加而同步增加，如果应收账款增长率超过销售收入、流动资产或者速动资产等项目的增长率，可以初步判断其增长可能存在不合理倾向。

模块九　应收账款项目分析

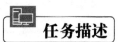 **任务描述**

根据应收账款占流动资产、总资产和营业收入的比重,选择合适的图形,分析应收账款质量及变动情况。通过各年度应收账款的增幅和营业收入增幅的比较,作出应收账款与营业收入之间的对比分析仪表板,以此来判断是否存在异常变动。正常情况下,这两者的增幅应该是同比例变动的,如果不同比例变动,应判断原因及风险。

 **知识预备**

### 一、应收账款变动原因

考察应收账款占流动资产、总资产的比重。一般来说,应收账款占流动资产比例要控制在1/3以下,如果超过1/3,风险很大。应收账款占总资产20%以下比较正常;如果超过40%,资产造假的可能性很大。

考察应收账款占营业收入的比例,该比重应控制在合适的比例,应收账款占营业收入比例最好低于15%,占收入30%以上,比例越高,说明赊销占比越大,营业收入取得的回款状况并不好,可能是销售出了比较严重的问题,促使放宽信用政策,甚至随意发货,而现金收不回来。如果企业该比例达到50%以上,表明其有一半以上的收入是赊销创造的,企业的盈利质量相对较差,这种情况比较难通过银行的风险评估而取得外部资金支持。理论上,比例越低说明企业应收账款带来收入的能力越强。

比较应收账款与营业收入增幅,如果应收账款增幅远高于营业收入增幅,说明企业牺牲应收账款来增加收入的可能性,应收账款回收风险加大,经营现金流净额在恶化。出现这种情况可能是企业放宽了客户的信用结算周期,也可能是虚构交易、虚增收入造成的应收账款挂账,特别需要关注与关联方相关的应收账款有无特殊情形。

### 二、是否利用应收账款进行利润调节

上市公司经常利用应收账款调节利润的案例屡见不鲜,分析时应特别关注以下几点:期末应收账款与营业收入同步大幅增长;客户中,关联方应收账款金额及比例过大;出现应收账款巨额冲销行为。

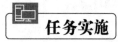 **任务实施**

### 一、报表关系的建立

检查模型视图中报表间关系有无正确建立。

### 二、建立度量值

**1. [应收账款占资产和收入的比例]相关度量值**

新建度量值[应收账款占流动资产比例]、[应收账款占总资产比例]、[应收账款占营业

比例]。

应收账款占流动资产比例 = DIVIDE（[应收账款]，[流动资产]）

应收账款占总资产比例 = DIVIDE（[应收账款]，[总资产]）

应收账款占营业收入比例 = DIVIDE（[应收账款]，[营业收入]）

**2. [应收账款周转率]相关度量值**

在比率表内新建度量值[年初应收账款]，再求得[应收账款周转率]、[应收账款周转天数]。

1　年初应收账款 =
2　var lastyear = SELECTEDVALUE（'0 年度'[年度]）-1
3　return
4　CALCULATE（sum（'1-1 资产负债表'[值]），'1-1 资产负债表'[项目] = "应收账款（万元）",'θ 年度'[年度] = lastyear），

应收账款周转率 = DIVIDE（[营业收入]，（[应收账款]+[年初应收账款]）/2）

应收账款周转天数 = DIVIDE（365，[应收账款周转率]）

**3. [应收账款增长率]与[营业收入增长率]相关度量值**

在比率表内新建度量值[应收账款增长率]。

应收账款增长率 = DIVIDE（（[应收账款] – [年初应收账款]），[年初应收账款]）

同样的方法求出[营业收入增长率]。

1　年初营业收入 =
2　var lastyear = SELECTEDVALUE（'θ 年度'[年度]）-1
3　return
4　CALCULATE（sum（'2-1 利润表'[值]），'2-1 利润表'[项目] = "营业收入（万元）",'θ 年度'[年度] = lastyear），

营业收入增长率 = DIVIDE（（[营业收入] – [年初营业收入]），[年初营业收入]）

> **注意**
>
> 相关比例和比率的度量值的数据类型都要调成百分比格式，而[应收账款周转率]度量值用次数来表示，所以是用常规或者十进制数字格式。

## 三、制作可视化仪表板

**1. 制作卡片图**

新建视觉卡片图，用年度切片器筛选查看 2018—2022 年应收账款周转率、应收账款周转天数、应收账款和营业收入的数值，如图 9-7 所示。

图 9-7　卡片图

**2. 制作应收账款占比分析仪表板**

新建视觉对象分区图，将"0 年度"[年度] 拖拽至 X 轴，度量值[应收账款占流动资产

比例]、[应收账款占营业收入比例]和[应收账款占总资产比例]拖拽至 Y 轴，并优化视觉效果，查看 2018—2022 年来应收账款占资产及营业收入比重变化情况，如图 9-8 所示。

**3. 制作应收账款与营业收入增长对比仪表板**

新建视觉对象分区图，将"0 年度"[年度]拖拽至 X 轴，度量值[应收账款增长率]和[营业收入增长率]拖拽至 Y 轴，排除 2018 年数据，并优化视觉效果，查看 2019—2022 年应收账款变动与营业收入变动的关系，如图 9-9 所示。

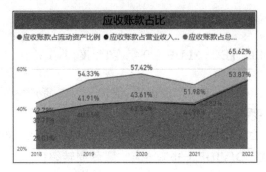

图 9-8　应收账款占比趋势图

图 9-9　应收账款增长与营业收入增长关系

最后，完成整体仪表板的设计，并优化视觉效果，如图 9-10 所示。

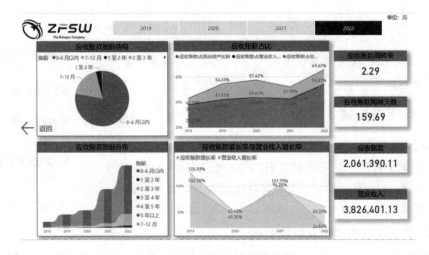

图 9-10　应收账款分析仪表板

## 📖 资讯前沿

### 供应链融资为中小企业"救急"

"没有了应收账款滞压负担,公司就可以轻装上阵专注主业了。"江苏苏州吴江兴盛包装材料有限公司负责人说。

这份轻松源自浙商银行基于供应链上下游打造的应收款链平台。像兴盛包装这样的中小企业通过该平台,可以"借用"供应链上大企业的信用获得银行融资。这种运用供应链融资来串联起大公司和小企业的模式,正逐渐成为纾解中小企业融资难题的有效方式。

兴盛包装主营纸箱辅料,为国内规模最大的涤纶制造商恒力化纤供货,其销售金额占公司销售收入逾四成。

此前,兴盛包装与恒力化纤多以商票结算,结算周期长,票据盘活难。"大企业给的订单资金占压公司的流动资金,拖久了,企业受不了。"企业负责人回忆说,流动资金紧张时,想向银行贷款,又苦于没有合适的担保抵押。

这类烦心事是国内不少小微企业的共同烦恼。有数据显示,截至2018年末,我国规模以上工业企业应收账款总额已达14.3万亿元,占主营收入的比重为13.99%,应收账款的平均回收期47.4天。应收账款的滞压,给国内企业尤其是中小企业带来资金难题和流动性困扰。

纾解中小企业融资难,激活应收账款是关键。此前中共中央办公厅、国务院办公厅印发的《关于加强金融服务民营企业的若干意见》指出,商业银行要依托产业链核心企业信用、真实交易背景和物流、信息流、资金流闭环,为上下游企业提供无需抵押担保的订单融资、应收应付账款融资。

浙商银行应收款链平台正是为破解这一难题而搭建的。平台运用区块链技术解决应收账款登记、确权等难题,把应收账款变为电子支付结算和融资工具,通过转化供应链核心企业的银行授信,帮助上下游中小企业盘活应收账款。

在兴盛包装所处的恒力化纤供应链商圈中,恒力化纤采用"付款人签发、承兑"模式向兴盛包装等其他供应商签发应收款,并利用自己"闲置"的授信额度,向银行申请保兑。和不易盘活周转的商票不同,供应商们通过这一平台收到的应收款,可以在浙商银行直接变现或提用短期贷款,并且这一切都可以在线完成。

恒力化纤开通应收款链平台半年多来,已有近30家来自上海、江苏、浙江的上下游企业加入供应链商圈,累计签发、保兑金额9 000万元,提用小企业短期贷款近5 000万元,帮助中小供应商获取较低成本融资的同时,也使核心企业恒力化纤的供应链关系得到进一步梳理和巩固。

"应收款链平台是浙商银行打造平台化服务银行的重要创新。它可以帮助上下游的中小企业盘活应收账款。今后,浙商银行将继续创新金融科技应用,构建'科技+金融+行业'综合服务平台,更好地服务实体经济。"浙商银行行长徐仁艳说。

数据显示,截至2019年3月末,浙商银行为1 600多家供应链核心企业搭建应收款链平台,帮助其上下游的7 000多家企业融通了1 000多亿元资金,有效疏通了应收账款滞压的资金"堰塞湖",把金融活水引向了广大中小企业。

(资料来源:https://baijiahao.baidu.com/s?id=1634094639383842287&wfr=spider&for=pc)

### 一、操作题

选择一家制造型企业上市公司,下载五年来年度报告,从年度报告中爬取应收账款相关数据,根据分析需要,完成公司应收账款分析仪表板。

### 二、撰写分析结论

根据可视化分析仪表板,结合以下分析要点,对分析公司的应收账款的管理作出评价。

1. 近年来公司应收账款占流动资产、总资产的比例如何?过高、过低还是适中?有什么意义?

2. 近年来公司应收账款占营业收入的比例如何?应收账款的增长与营业收入增长趋势如何?企业的盈利质量怎么样?

3. 结合应收账款账龄分析判断应收账款的回收风险。

以上科目有没有出现突然大幅度上下波动的情况,各项目之间有没有出现背离,或者出现恶化趋势?引起这些变化的原因是什么?对此你有什么看法?

自学自测　扫描此码

# 模块十 货币资金项目分析

1. 理解货币资金在报表中的地位
2. 掌握货币资金分析方法和思路

1. 能够利用商业智能分析工具分析利润表的结构和趋势变化,建立模型并制作动态交互可视化报告
2. 能判断货币资金的质量,能对企业货币资金管理效率作出正确评价,并撰写分析结论

1. 具备财务规划分析思维
2. 具备数据逻辑思维
3. 培养数据化管理能力

货币资金就是上市公司账上的现金,包括库存现金、银行存款和其他货币资金。货币资金是企业日常生产经营活动的流动资产,是公司资产的重要组成部分,因为它拥有最直接的购买能力,在财务会计报告的资产负债表中排在第一位,由此可以看出它对企业的重要程度。

## 任务一 货币资金的结构分析

货币资金是企业流动性最强、最有活力的资产,同时又是获利能力最低、几乎不会产生收益的资产,其拥有量过多或过少对企业的生产经营都会产生不利影响。货币资金是企业的"血液",货币资金流量的大小关系到企业的生存、发展和壮大。但是资金存量不是越多越好,也不是越少越好,因为太多的现金持有量会影响其收益,太少的现金持有量会影响企业正常的生产经营活动,因此,企业货币资金的规模、持有货币资金的自由程度等

货币资金的质量问题就值得深入分析。

本任务从货币资金的持有规模、自由程度、持续能力等方面对其质量进行分析,建立数据分析模型并作出动态可视化效果仪表板,评估企业在短期内可支配的资金和流动性风险。

### 一、货币资金持有规模

持有一定数量的现金是企业开展正常生产活动的基础,是保证企业避免支付危机的必要条件。企业在生产经营过程中需要购买原材料,支付各种成本费用,因此企业应持有一定数量的现金。同时,企业在现金管理时,要考虑到可能出现的意外情况,为了应付企业发生意外时可能对现金的需要,企业应准备一定的预防性现金。当然,企业也需要一定的现金进行短期投资,即有投机性现金需求。

可以考察货币资金占总资产的比重、货币资金占流动资产的比重。

$$货币资金占总资产比率 = \frac{货币资金}{总资产} \times 100\%$$

$$货币资金占流动资产比率 = \frac{货币资金}{流动资产} \times 100\%$$

### 二、货币资金含金量

货币资金包括库存现金、银行存款和其他货币资金三个总账账户的期末余额,具有专门用途的货币资金不包括在内。如果单位的资金中有大量专门用途,比如担保、抵押、质押、冻结、转移受限等情况,资金的使用受到限制,货币资金的质量就比较低。货币资金含金量主要看其中受限制资金的占比,占比越低越好。受限制资金占比高,代表企业资金链紧张,对企业来说不是好事。

### 三、货币资金质量

货币资金的质量可以通过观察货币资金能否覆盖有息负债来判断。一个财务稳健的公司,其货币资金应该能覆盖有息负债;如果货币资金小于有息负债,那么公司存在偿债风险。可以和历史比较,看看企业的变化,但无需同行业公司对比。

### 一、数据获取及清洗

从巨潮网下载公司五年来年度报告至本地文件夹,报表内重要科目的细分数据要从年度报告中获取。如图 10-1 所示。

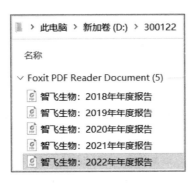

图 10-1　五年年度报告

打开 2022 年年度报告，在搜索栏中搜索“货币资金”，定位到合并财务报表项目注释的“货币资金”。依次获取 2018—2022 年货币资金构成的详细数据，新建 Excel 工作簿，工作簿重命名为“货币资金”，保存到本地数据源同一文件夹内，如图 10-2 所示。

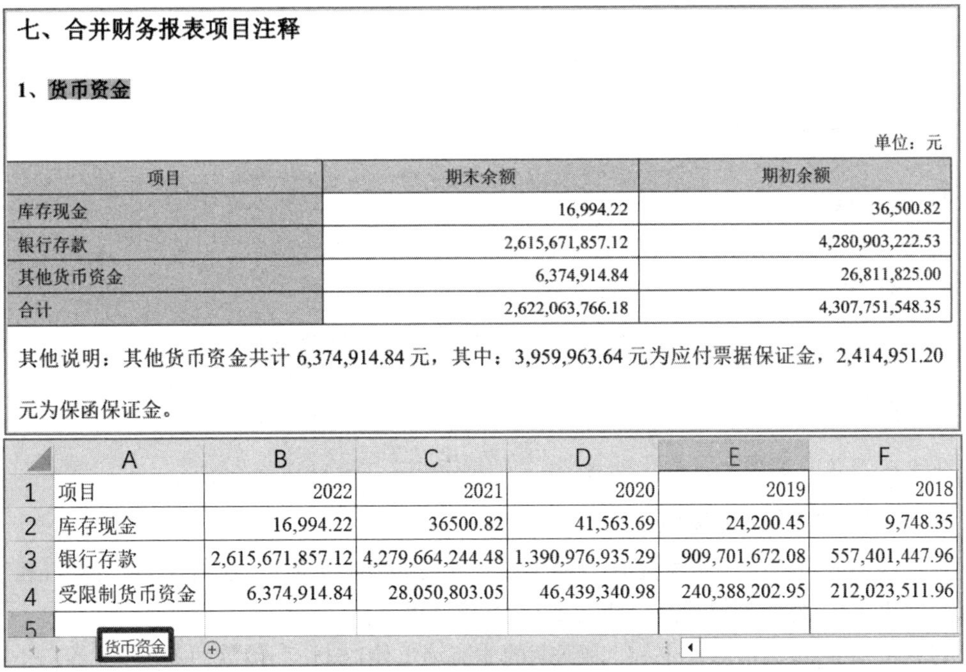

七、合并财务报表项目注释

1、货币资金

单位：元

| 项目 | 期末余额 | 期初余额 |
|---|---|---|
| 库存现金 | 16,994.22 | 36,500.82 |
| 银行存款 | 2,615,671,857.12 | 4,280,903,222.53 |
| 其他货币资金 | 6,374,914.84 | 26,811,825.00 |
| 合计 | 2,622,063,766.18 | 4,307,751,548.35 |

其他说明：其他货币资金共计 6,374,914.84 元，其中：3,959,963.64 元为应付票据保证金，2,414,951.20 元为保函保证金。

| | A | B | C | D | E | F |
|---|---|---|---|---|---|---|
| 1 | 项目 | 2022 | 2021 | 2020 | 2019 | 2018 |
| 2 | 库存现金 | 16,994.22 | 36500.82 | 41,563.69 | 24,200.45 | 9,748.35 |
| 3 | 银行存款 | 2,615,671,857.12 | 4,279,664,244.48 | 1,390,976,935.29 | 909,701,672.08 | 557,401,447.96 |
| 4 | 受限制货币资金 | 6,374,914.84 | 28,050,803.05 | 46,439,340.98 | 240,388,202.95 | 212,023,511.96 |
| 5 | | | | | | |

货币资金

图 10-2　货币资金数据源整理

将“货币资金”数据源导入到 Power Query 中，通过抬标题、对第一列进行逆透视，整理数据类型，完成货币资金报表的整理，如图 10-3 所示。

关闭并应用，到模型视图内检查“0 年度”[年度]字段有没有和“10-货币资金”[年度]字段建立“一”对“多”的关系，如图 10-4 所示。

图 10-3　报表整理清洗规范化

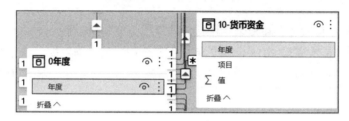

图 10-4　模型视图内建立关系

## 二、建立度量值

**1. [货币资金占总资产比率]**

货币资金占总资产比率 = DIVIDE（[货币资金]，[总资产]）

**2. [货币资金占流动资产比率]**

货币资金占流动资产比率 = DIVIDE（[货币资金]，[流动资产]）

**注意**

比率度量值都要调成百分比格式。

**3. [有息负债]相关度量值**

资产负债表内依次建立度量值：[一年内到期的非流动负债]、[应付债券]、[应付利息]、[长期借款]、[长期应付款]等。再建立度量值[有息负债]。

有息负债 = [短期借款] + [一年内到期的非流动负债] + [长期借款] + [应付债券] + [应付利息] + [长期应付款]

## 三、制作结构分析可视化仪表板

**1. 货币资金占资产比例**

新建视觉对象仪表盘，使用年度切片器查看货币资金占流动资产比率和货币资金占总资产比率，如图 10-5 所示。

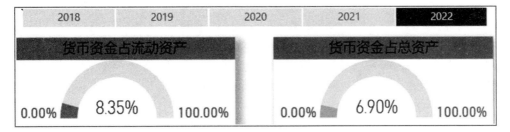

图 10-5　货币资金占资产比例

**2. 货币资金结构**

新建视觉对象，饼图或者圆环图，将"10-货币资金"[项目] 拖拽至图例，[值] 拖拽至值字段，并优化可视化效果。可以使用年度切片器查看每年受限制货币资金占总货币资金的大小，考察企业货币资金质量，如图 10-6 所示。

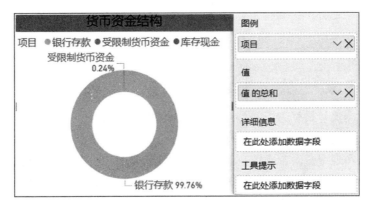

图 10-6　货币资金结构

**3. 货币资金与有息负债**

新建视觉对象树状图，按年度查看货币资金与有息负债的对比，考查货币资金能否覆盖有息负债，如果可以覆盖，表示货币资金充裕，如图 10-7 所示。

图 10-7　货币资金与有息负债

模块十　货币资金项目分析

# 任务二  货币资金趋势分析

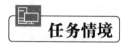 **任务情境**

从货币资金近年来的趋势连续分析中判断企业的资金流是否正常。但要结合现金流量表来看，看货币资金的来源是正常经营活动产生的，还是企业投资或者融资带来的现金流，以此判断企业经营和管理水平。

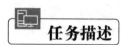 **任务描述**

建立数据分析模型并作出动态可视化效果仪表板，判断货币资金及经营、投资、筹资活动现金流量变动趋势，挖掘有显著问题的项目，判断公司经营情况。

 **知识预备**

货币资金逐年增加，趋势走好，说明企业活力向好，但是要结合货币资金的来源来看：如果经营现金的净流量最好为正并且在现金净流量中占比较大，表明企业现金流来源主要归功于企业经营得当，能产生正向的现金流入，企业处于正常经营状态；如果货币资金来源大部分是筹资净现金流入，表明企业一直在筹钱，经营和投资都没挣到钱，资金吃紧，一旦筹不到钱了，很可能资金链断裂破产；如果货币资金主要是投资净流量，表明企业投资做得好，收益大部分来源于企业前期的投资得当，现在正是享受投资成果的时候……

**任务实施**

### 一、报表关系的建立

检查模型视图中报表间关系有无正确建立。

### 二、建立度量值

本任务无需建立度量值。

### 三、货币资金趋势仪表板

新建视觉对象折线和簇状柱形图，将"0 年度"[年度]拖拽至 X 轴，"3-1 现金流量表"[经营现金净额][投资现金净额]和[筹资现金净额] 拖拽至列 y 轴，"1-1 资产负债表"[货币资金]拖拽至行 y 轴，取消与年度切片器间的编辑交互，并优化视觉效果，观察五年来货币资金的变化趋势同经营、投资、筹资活动现金净流量间的关系，如图 10-8 所示。

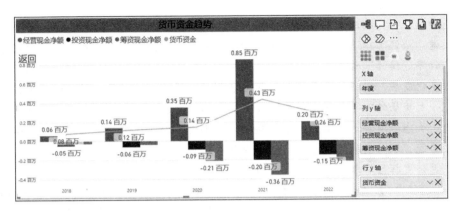

图 10-8　货币资金趋势

最后，优化视觉效果。也可以根据分析需要，建立不同的分析模型，制作不同的可视化分析仪表板，如图 10-9 所示。

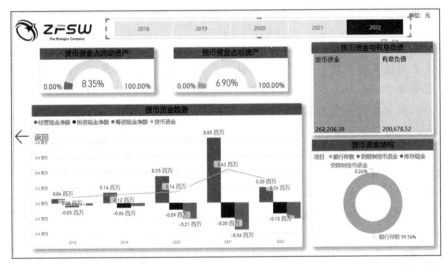

图 10-9　货币资金可视化分析仪表板

## 📖 资讯前沿

### 传统产业和中小企业需加快数字化转型

2023 年是全面贯彻落实党的二十大精神的开局之年。今年的政府工作报告提出，要加快建设现代化产业体系。围绕制造业重点产业链，集中优质资源合力推进关键核心技术攻关。

当前，如何加快传统产业和中小企业数字化转型，着力提高高端化、智能化、绿色化水平，成为行业探索的命题。日前，中国信息协会常务理事、新经济研究院院长朱克力表示，加快传统产业和中小企业数字化转型，着力提高高端化、智能化、绿色化水平是一项系统工程，需要从多角度共同发力。

模块十　货币资金项目分析

朱克力认为：一要激发经营主体活力，培育打造主动拥抱数字化转型浪潮的"有数企业"，促进产业链上中下游、大中小企业融通创新；二是要发挥产业互联网平台优势和科技龙头"数字连接器"作用，引导数字技术向制造业加速渗透融入，推动产业数字化、网络化、智能化发展，以科技向善理念引领共享创新，促进"先强带后强"；三是要抓住建设全国统一大市场的改革契机，运用好大数据、物联网、人工智能等新一代信息技术，以数字赋能、生态融通和制度集成，系统整合优质要素资源，优化创新空间布局；四要以开放协作聚势能、联动发展挖潜能，推动形成网络化市场结构，加快推动从产业分工转向深度融合，更好发挥区域联动作用和产业协同效能。

"在此过程中，应着眼于企业降本提质增效，以绿色发展为出发点、高质量发展为目标，提高全要素生产率、产品附加值和市场占有率，促进企业流程再造和供应链协同创新，加快产业迭代升级，真正实现转型升级。"朱克力说。

朱克力还表示，激发政策与市场的双轮驱动力，需要侧重从以下几方面着力推进：

一是在新赛道布局方面，应避免短期思维和重复投资，要以战略眼光、前瞻思维和差异化策略，抢抓核心技术与知识产权，基于各自资源禀赋及优势，布局本地新兴产业重点技术方向和发展领域。

二是在新主体培育方面，应避免只重技术不重人才，要坚持以人为本，为人才创新创业、安居乐业创造良好环境，弘扬企业家精神，培养一批耕耘新兴产业的科创型企业家。

三是在新场景供给方面，应避免与中长期发展需求脱节，打造适合新兴产业发展的赛场和场景，以较大的潜在市场需求为牵引，搭建产业新生态载体，优化场景供给流程，形成产品接入、场景实测、推广示范的全流程场景链条，加速技术转变为现实生产力。

"面对内外环境的巨大不确定性，恰恰是高科技新兴产业相关企业亮功底、展实力、见真章的关键窗口期。"朱克力表示，经营主体要以科技创新为关键变量，准确识变、科学应变、主动求变，锚定新兴产业核心价值，在创新中穿越周期，在发展中规避风险。

（资料来源：http://finance.people.com.cn/n1/2023/0310/c1004-32641518.html）

 技能操作

### 一、操作题

选择一家制造型企业上市公司，下载五年来年度报告，从年度报告中爬取货币资金相关数据，根据分析需要，完成公司货币资金分析仪表板。

### 二、撰写分析结论

结合任务中的货币资金分析要点，对自己的上市公司货币资金科目作出评价。

1. 本企业货币资金中受限制资金比例如何？企业资金链是否紧张？
2. 企业货币资金占流动资产和总资产的比例如何？企业现金持有量是否科学？
3. 货币资金对有息负债的支持程度如何？
4. 近年来货币资金及相关财务指标发展趋势如何？

以上科目有没有出现突然大幅度上下波动的情况，各项目之间有没有出现背离，或者出现恶化趋势？引起这些变化的原因是什么？请结出合理的评价。

即测即练

扫描此码

自学自测

模块十　货币资金项目分析

# 盈利能力分析

 **知识目标**

1. 掌握盈利能力的概念
2. 会正确计算盈利能力有关财务指标
3. 掌握盈利能力分析方法和思路

 **能力目标**

1. 能够利用商业智能分析工具从不同维度对企业盈利能力进行分析，建立模型并制作动态交互可视化报告
2. 能够多维度评价企业盈利能力，并撰写分析结论

 **素养目标**

1. 具备大数据思维、敏锐的洞察力，确定分析维度，搭建分析体系
2. 具备职业判断力，正确评价财务指标变化动因
3. 具备责任意识，能给出正确的决策建议

盈利能力通常指企业在一定时期内赚取利润的能力，是财务分析中的一项重要内容，也是企业实现持续经营、健康发展的根本保证。企业经营的目标就是不断提高自身盈利能力，企业的盈利能力越强，股东的回报越高，企业价值越大。

## 任务一　商品经营盈利能力分析

 **任务情境**

商品经营盈利能力不考虑企业的筹资或投资问题，只研究利润与收入或成本之间的比率关系。企业各方面的能力，我们可以用各种财务比率来表示。反映商品经营盈利能力的指标可分为两类：一类是各种利润额与收入之间的比率，统称收入利润率；另一类是各种利润额与成本之间的比率，统称成本利润率。

 **任务描述**

制作商品盈利能力的分析仪表板,重点分析企业毛利率、净利率和成本费用利润率的变动情况。

 **知识预备**

## 一、收入利润率分析

反映收入利润率的指标主要有:

(1)营业收入利润率,指营业利润与营业收入之间的比率。

$$营业收入利润率 = \frac{营业利润}{营业收入} \times 100\%$$

(2)毛利率,指营业收入与营业成本的差额同营业收入之间的比率。

$$毛利率 = \frac{营业收入 - 营业成本}{营业收入} \times 100\%$$

(3)总收入利润率,指利润总额与企业总收入之间的比率。企业总收入包括营业收入、投资净收益和营业外收入。

$$总收入利润率 = \frac{利润总额}{营业收入 + 投资净收益 + 营业外收入} \times 100\%$$

(4)净利率,指净利润与营业收入之间的比率。

$$净利率 = \frac{净利润}{营业收入} \times 100\%$$

(5)销售息税前利润率,指息税前利润额与企业营业收入之间的比率。息税前利润额是指利润总额与利息支出之和。

$$销售息税前利润率 = \frac{利润总额 + 利息支出}{营业收入} \times 100\%$$

收入相关利润率指标是正指标,一般而言指标值越高越好。分析时应根据分析的目的与要求,确定适当的标准值,可用行业平均值、全国平均值、企业目标值等作为标准值。

## 二、成本利润率分析

反映成本利润率的指标主要有:

(1)营业成本利润率,指营业利润与营业成本之间的比率。

$$营业成本利润率 = \frac{营业利润}{营业成本} \times 100\%$$

(2)成本费用利润率,该指标表明每付出一元成本费用可获得多少利润,体现了经营耗费带来的利润成果。

$$\text{成本费用利润率} = \frac{\text{利润总额}}{\text{营业成本}+\text{税金及附加}+\text{管理费用}+\text{销售费用}+\text{财务费用}+\text{研发费用}} \times 100\%$$

以上指标的数值越高，表明生产和销售产品的每一元成本及费用取得的利润越多，劳动耗费的效益越高；反之，则说明每耗一元成本及费用实现的利润越少，劳动耗费的效益越低。所以，成本利润率是综合反映企业成本效益的重要指标。成本利润率也是正指标，指标值越高越好，分析时可将各指标实际值与标准值进行对比。标准值可根据分析的目的与管理要求确定，如可用行业平均值、全国平均值、企业目标值等。

## 任务实施

### 一、财务指标计算

在比率表内新建度量值：[毛利率]、[净利率]、[成本费用利润率]。
毛利率 = DIVIDE（[营业收入] – [营业成本]，[营业收入]）
净利率 = DIVIDE（[净利润]，[营业收入]）
成本费用利润率 = DIVIDE（[利润总额]，[营业成本] + [税金及附加] + [研发费用] + [管理费用] + [财务费用] + [销售费用]）

**注意**

比率度量值一定要将数据格式调整成百分比格式。

### 二、制作利润率分析趋势仪表板

新建视觉对象分区图，将"0 年度"表的[年度]字段拖到 X 轴，"比率表"中的[毛利率]、[净利率]字段拖到 Y 轴，打开数据标签，查看毛利率、净利率的历年趋势。如图 11-1 所示。

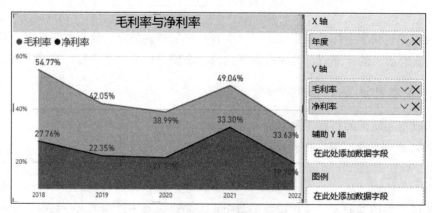

图 11-1　毛利率与净利率

# 任务二　资本盈利能力分析

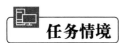

资本结构和盈利能力是企业经营中两个重要的方面，二者之间存在着密切的关系。资本结构是指企业在融资过程中所选择的资本来源和资本结构的组成，包括股本、债务和其他资本。资本的盈利能力指企业的所有者通过投入资本经营取得利润的能力。企业在选择资本结构时需要综合考虑成本、风险、税收和投资等因素，以达到最优的盈利能力。同时，企业还需要根据自身的经营情况和市场环境等因素进行灵活调整，以保持良好的盈利能力。

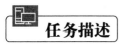

反映资本盈利能力的指标有很多，通过对这些财务指标的分析对比，制作资本盈利能力的分析仪表板，重点分析企业净资产收益率（ROE）、基本每股收益等指标变动情况。

## 一、净资产收益率

净资产收益率，又称股东权益报酬率，是企业在一定时期内实现的净利润与平均净资产（股东权益）之比，反映的是净资产创造利润的能力。因为该指标将代表企业股东权益的净资产和表示企业经营成果的净利润相联系，反映出投入资本获得回报的情况，所以被多数报表分析者所重视。

$$净资产收益率(ROE) = \frac{净利润}{平均净资产} \times 100\%$$

## 二、每股收益

每股收益，又称每股盈余，是反映普通股股东持有的每一股份所能享有企业利润或承担企业亏损的业绩评价指标，按当期净利润扣除优先股股利后的金额除以当期实际发行在外的普通股股数来确定。

$$每股收益 = \frac{净利润 - 优先股股利}{普通股总股数} \times 100\%$$

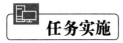

## 一、建立度量值

在"比率表"中新建[年初净资产]度量值：
年初净资产 =
var lastyear = SELECTEDVALUE（'0 年度'[年度]）− 1

return
CALCULATE（sum('1-1 资产负债表'[值]），'1-1 资产负债表'[项目] = "股东权益合计（万元）", '0 年度'[年度] = lastyear）

[平均净资产]度量值：
平均净资产 =（[年初净资产] + [股东权益]）/2
净资产收益率[ROE]度量值：
ROE = DIVIDE（[净利润]，[平均净资产]）

> **注意**
>
> 比率度量值一定要将数据格式调整成百分比格式，并保留两位小数。

## 二、制作资本盈利能力分析仪表板

**1. ROE 与平均净资产、净利润**

新建视觉对象折线与簇状柱形图，将"0 年度"[年度]字段拖拽至 X 轴，"比率表"[平均净资产]、"2-1 利润表"[净利润]字段拖拽至列 y 轴，"比率表"[ROE]字段拖拽至行 y 轴，优化视觉效果，查看 ROE、平均净资产和净利润历年趋势。ROE 的计算涉及年初平均净资产，而报表源数据中 2018 年年初的平均净资产值为 0，所以 2018 年 ROE 和平均净资产度量值并不准确，因此排除 2018 年数据。如图 11-2 所示。

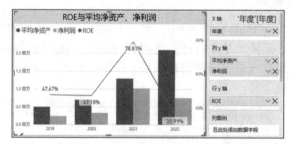

图 11-2　ROE 与平均净资产、净利润

**2. 基本每股收益**

画布空白处新建视觉对象簇状条形图，将"0 年度"[年度]字段拖拽至 Y 轴，"1-1 资产负债表"[基本每股收益]字段拖拽至 X 轴，优化视觉效果，查看基本每股收益历年趋势。如图 11-3 所示。

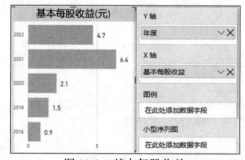

图 11-3　基本每股收益

# 任务三　资产盈利能力分析

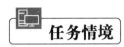

资产盈利能力，是指资产获得利润的能力，反映企业资产经营能力的最主要的财务指标是总资产收益率（ROA）。在评价总资产收益率时，需要与本企业前期的比率、同行业其他企业的这一比率进行比较，进一步找出影响该指标的不利因素，加强企业经营管理。

还可以从现金流量主要指标去评价资产盈利能力，可以用全部资产现金回收率来衡量。全部资产现金回收率，是指经营活动产生的净现金流量与平均总资产之间的比率。该指标可以作为对总资产收益率的补充，反映企业利用资产获取现金的能力，可以衡量企业资产获现能力的强弱。

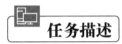

通过对特定财务指标的分析对比，制作资产盈利能力的分析仪表板，分析总资产收益率、全部资产现金回报率等指标变动情况，同时完成盈利能力所有财务指标与同行业企业的对比分析。

## 一、总资产收益率

总资产收益率反映了企业经营全部资产获取的最终经营成果情况，是企业在一定时期内实现的净利润与平均总资产之比。这一比率越高，表明资产利用的效率越高，说明企业在增收节支和节约资金使用等方面取得了良好的效果，否则相反。

$$总资产收益率(ROA) = \frac{净利润}{平均总资产} \times 100\%$$

总资产收益率的高低直接反映了公司的竞争实力和发展能力，也是决定公司是否应举债经营的重要依据。对总资产收益率与净资产收益率一起分析，可以根据两者的差距来说明公司经营的风险程度。也可以弥补净资产收益率对于企业负债因素考虑的不足。

## 二、全部资产现金回收率

全部资产现金回收率是经营现金净流量与全部资产的比率。该指标旨在考评企业全部资产产生现金的能力，该比率越大说明资产利用效果越好，利用资产创造的现金流入越多，整个企业获取现金能力越强，经营管理水平越高。反之，则经营管理水平越低，经营者有待提高管理水平，进而提高企业的经济效益。

$$全部资产现金回收率 = \frac{经营活动现金净流量}{平均总资产} \times 100\%$$

## 任务实施

### 一、报表关系的建立

检查模型视图中报表间关系有无正确建立。

### 二、建立财务指标度量值

在"比率表"中新建[年初总资产]度量值：
年初总资产 =
var lastyear = SELECTEDVALUE（'0 年度'[年度]）-1
return
CALCULATE（sum（'1-1 资产负债表'[值]），'1-1 资产负债表'[项目] = "资产总计（万元）"，'0 年度'[年度] = lastyear），
[平均总资产]度量值：
平均总资产 =（[年初总资产] + [总资产]）/2
总资产收益率[ROA]度量值：
ROA = DIVIDE（[净利润]，[平均总资产]）
[全部资产现金回收率]度量值：
全部资产现金回收率 = DIVIDE（[经营现金净额]，[平均总资产]）

> **注意**
>
> 在年初相关度量值的设定中使用的是"0 年度"[年度]字段，后面可视化图表中涉及的[年度]字段也要统一使用"0 年度"[年度]。如果错用成其他数据表的[年度]字段，很可能无法得出正确的结果。
>
> 比率度量值一定要将数据格式调整成百分比格式，并保留两位小数。

### 三、制作财务指标对比数据源

在画布空白处新建一个矩阵，将"0 年度"[年度]字段拖到行字段，"比率表"[毛利率]、[净利率]、[成本费用利润率]、[ROA]、[ROE]、[全部资产现金回收率]字段拖到值字段。如图 11-4 所示。

| 年度 | 毛利率 | 净利率 | 成本费用利润率 | ROA | ROE | 全部资产现金回收率 |
|---|---|---|---|---|---|---|
| 2018 | 54.77% | 27.76% | 49.00% | 42.62% | 69.43% | 17.20% |
| 2019 | 42.05% | 22.35% | 35.87% | 26.66% | 47.67% | 15.40% |
| 2020 | 38.99% | 21.73% | 34.47% | 25.24% | 47.18% | 26.74% |
| 2021 | 49.04% | 33.30% | 64.61% | 45.11% | 78.81% | 37.59% |
| 2022 | 33.63% | 19.70% | 30.01% | 22.16% | 35.99% | 5.85% |

图 11-4 财务指标矩阵

矩阵里默认的总计是没有意义的，对矩阵设置视觉对象格式，关掉行小计、列小计，将总计栏去掉。得出智飞生物公司五年来盈利能力的财务指标。如图 11-5 所示。

| 年度 | 毛利率 | 净利率 | 成本费用利润率 | ROA | ROE | 全部资产现金回收率 |
|---|---|---|---|---|---|---|
| 2018 | 54.77% | 27.76% | 49.00% | 42.62% | 69.43% | 17.20% |
| 2019 | 42.05% | 22.35% | 35.87% | 26.66% | 47.67% | 15.40% |
| 2020 | 38.99% | 21.73% | 34.47% | 25.24% | 47.18% | 26.74% |
| 2021 | 49.04% | 33.30% | 64.61% | 45.11% | 78.81% | 37.59% |
| 2022 | 33.63% | 19.70% | 30.01% | 22.16% | 35.99% | 5.85% |

图 11-5　财务指标矩阵

单击矩阵右上角的更多选项，导出数据，放到电脑本地，命名为"300122 盈利能力"。注意它是一个 CSV 文本格式的文件。如图 11-6 所示。

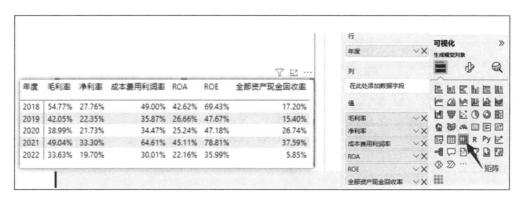

图 11-6　导出数据

单击主页菜单栏的"转换"，打开 Power Query 查询编辑器，将参数 code 更改为沃森生物的代码 300142，将资产负债表、利润表、现金流量表的数据源一键替换成沃森生物的报表，关闭并应用，将数据上载到 Power BI Desktop。如图 11-7 所示。

| 年度 | 毛利率 | 净利率 | 成本费用利润率 | ROA | ROE | 全部资产现金回收率 |
|---|---|---|---|---|---|---|
| 2018 | 54.77% | 27.76% | 49.00% | 42.62% | 69.43% | 17.20% |
| 2019 | 42.05% | 22.35% | 35.87% | 26.66% | 47.67% | 15.40% |
| 2020 | 38.99% | 21.73% | 34.47% | 25.24% | 47.18% | 26.74% |
| 2021 | 49.04% | 33.30% | 64.61% | 45.11% | 78.81% | 37.59% |
| 2022 | 33.63% | 19.70% | 30.01% | 22.16% | 35.99% | 5.85% |

图 11-7　修改参数

回到矩阵，这时，矩阵里所有财务指标都变成了另一家公司 300142 沃森生物的盈利能力财务指标。将其导出，命名为"300142 盈利能力"并保存在本地电脑上。如图 11-8 所示。

模块十一　盈利能力分析

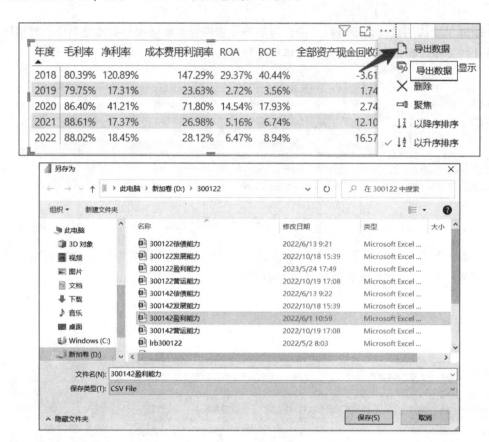

图 11-8 导出数据

## 四、报表关系的建立

### 1. 导入财务指标数据报表

在主页菜单中单击"获取数据",注意选择"文本/CSV"格式,将两家公司盈利能力数据源导入到 Power Query 中,如图 11-9 所示。

图 11-9 导入数据

对两家公司的盈利能力数据源进行整理，更改标题名称，便于 Power Query 内数据表的有序排放，选中[年度]列右键单击"逆透视其他列"，将二维表转换成一维表，重命名[项目]列，如图 11-10 所示。

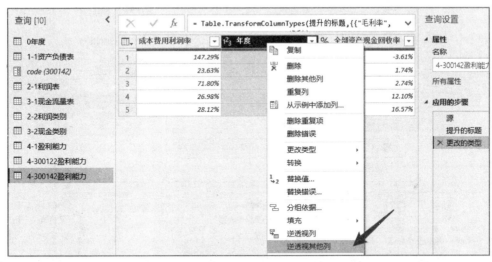

图 11-10　数据整理清洗规范化

**2. 导入盈利能力辅助报表**

在 Power Query 编辑器主页菜单栏中单击"获取数据"，单击"Excel 工作簿"，导入辅助报表中的"盈利能力"，把"盈利能力"加载到 Power Query 中。对盈利能力报表进行整理，将报表第一行用作标题，并改名为"4-1 盈利能力"，便于报表整齐排放，如图 11-11 所示。

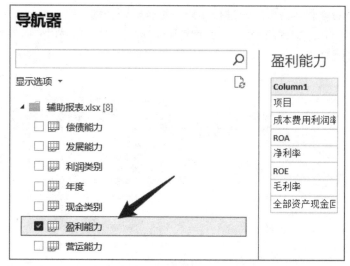

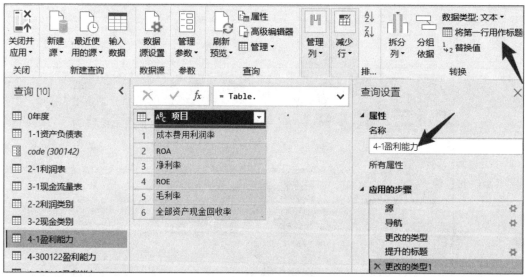

图 11-11 导入辅助报表

将 code 改回为 300122 主分析公司。关闭并应用,将所有数据上载到 Power BI Desktop,在模型视图中建立好报表关系。"0 年度"[年度]与"4-300122 盈利能力"[年度],"4-300142 盈利能力"[年度]字段分别建立"一"对"多"的关系。"4-1 盈利能力"[项目]与"4-300122 盈利能力"[项目]、"4-300142 盈利能力"[项目]字段分别建立"一"对"多"的关系。如图 11-12 所示。

### 五、制作资产盈利能力分析仪表板

**1. 制作财务指标纵向趋势仪表板**

新建视觉对象折线与簇状柱形图,将"0 年度"[年度]字段拖拽至 X 轴,"比率表"[平均总资产]、"3-1 现金流量表"[经营现金净额]字段拖拽至列 y 轴,"比率表"[ROA]、[全部资产现金回收率]字段拖拽至行 y 轴,优化视觉效果,查看 ROA、全部资产现金回收率、平均总资产和经营现金净额历年趋势。ROA 的计算涉及年初总资产,而报表源数据中 2018 年年初的总资产值为 0,所以计算出来的 2018 年 ROA 并不准确,因此排除 2018 年的数据,并优化视觉效果,如图 11-13 所示。

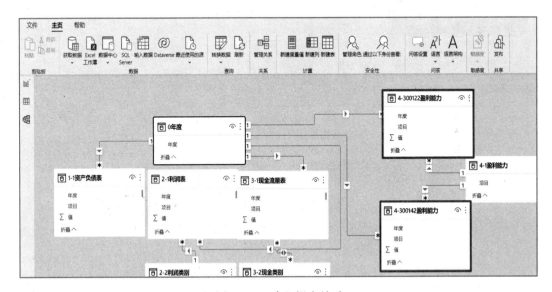

图 11-12　建立报表关系

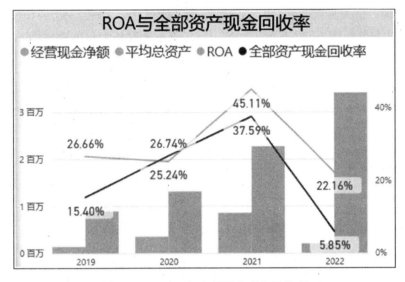

图 11-13　ROA 与全部资产现金回收率

## 2. 制作同行业公司横向对比仪表板

先制作项目切片器,在报表视图空白画布处新建切片器视觉对象,将"4-1 盈利能力"

[项目]字段拖拽至字段列,并优化切片器的可视化效果:将切片器样式改为"磁贴",关掉切片器标头,如图11-14所示。

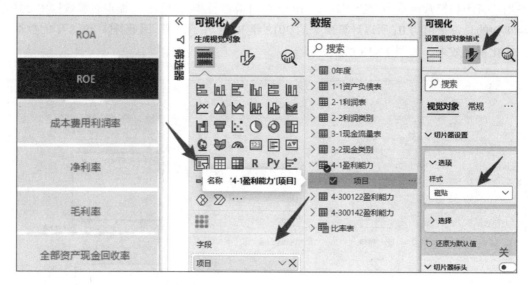

图11-14　项目切片器

在项目切片器旁新建视觉对象簇状柱形图,命名为"盈利能力横向对比",比较两家公司智飞生物与沃森生物盈利能力指标。将"0年度"[年度]字段拖拽至X轴,"4-300122盈利能力"[值]字段拖拽至Y轴,并改名为"智飞生物",同样将沃森生物的财务指标也拖拽至Y轴,修改显示名称。右键单击2018年的数据,单击排除。单击盈利能力项目切片器不同财务指标,可以查看两家公司历年来不同财务指标的对比情况,如图11-15所示。

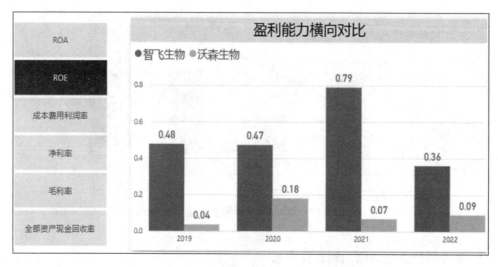

图11-15　智飞生物和沃森生物盈利能力对比

最后，美化页面整体布局和色彩搭配，完成整个盈利能力分析页面，如图 11-16 所示。

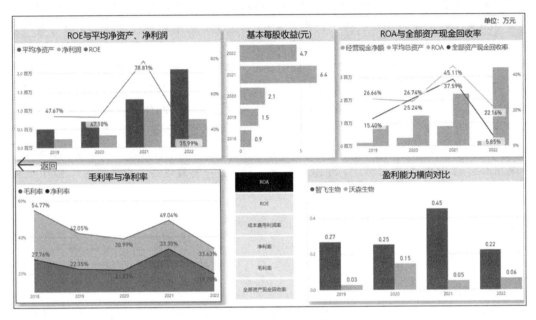

图 11-16　盈利能力分析仪表板

## 📖 资讯前沿

### 2023 年中国上市公司 500 强揭晓

7 月 11 日，财富 Plus APP 发布了 2023 年《财富》中国上市公司 500 强排行榜，同时预告，2023 年《财富》中国 500 强榜单将于 7 月 25 日重磅发布。榜单显示，榜上 500 家中国上市公司的收入总和达 65.8 万亿元人民币。上榜公司的年营收门槛接近 237 亿元。500 家上榜公司的净利润总和为 4.7 万亿元，利润榜头部的 10 家公司在去年的总利润超过 2 万亿元，约占上榜公司利润总和的 43%。

今年榜单前三的头部公司依次是：中石化、中石油和中国建筑。中国中铁位列第四。中国平安位列第五，居非国有企业第一位。位列前十的民营上市企业还有京东和阿里巴巴，其中京东位列第七位，阿里巴巴位列第十位。新能源汽车行业中的三家新势力车企——蔚来集团、理想汽车和小鹏汽车，都进入了这份榜单。其中，蔚来集团排名第 263 位，理想汽车排名第 287 位，小鹏汽车排名第 450 位。值得关注的是，今年榜单中商业银行的利润总和达到了所有 500 家上市公司利润的 40%。

盈利能力方面，中国工商银行位居榜首，去年的净利润超过 3 600 亿元。最赚钱的 10 家上榜公司中，除五家商业银行外，腾讯控股有限公司以 1 882 亿元的归母净利润排在利润榜第五位。两家能源巨头的利润表现令人瞩目：中国石油和中国海油分别位列利润榜第六、七位。互联网巨头中，除腾讯控股和阿里巴巴外，拼多多也跻身 500 家上市公司中最赚钱的前 40 家公司，在利润榜中位列第 26 位。

净利润率方面，排位最高的是天津九安医疗，净利润率高达60.9%；位居净利润率榜第二位的是天齐锂业，净利润率约为59.6%。腾讯控股有限公司在该子榜中排名第29位。今年500家上榜的中国上市公司中，共计有68家上市公司未能实现盈利，亏损总额约为4 739亿元。其中，亏损前十位公司中，有5家房地产企业。以各家公司财报披露的亏损数字为统计依据，居亏损榜前三位的均为航空公司，其中亏损最多的是中国国际航空股份有限公司，亏损额超过386亿元；东方航空和南方航空分列亏损榜第二、三位。不过，2023年航空公司有望受益于消费反弹和经济复苏，大幅改善亏损。此外，在所有上榜公司中，位居净资产收益率（ROE）榜榜首的是海丰国际控股有限公司，该公司ROE超过87%；排名第二位的是天津九安医疗，其ROE高达81%。由于新能源行业的爆发，青海盐湖工业股份有限公司的ROE高达61%，位列ROE榜第三位；另一家海运公司中远海运的ROE也超过了54%，位列ROE榜第四位。

（资料来源：《财富杂志》2023-07-12）

## 一、操作题

选择一家制造型企业上市公司及同行业对比分析公司，根据分析需要，完成盈利能力分析仪表板。

## 二、撰写分析结论

结合任务中的盈利能力分析要点，对自己的上市公司与对比公司的盈利能力作出评价。

1. 毛利率、净利率、成本费用利润率分别有什么含义，对两家公司历年来的财务指标作对比，你有什么评价？

2. ROE、ROA分别代表盈利能力的哪些方面？两家公司对比情况如何？你有什么评价？

## 三、技能拓展

在学习了下一模块营运能力分析后，也可采用营运能力分析仪表板制作方法，设计制作盈利能力的对比分析仪表板，实现同行业三家公司盈利能力的指标对比。

自学自测　扫描此码

# 营运能力分析

模块十二

 知识目标

1. 掌握营运能力的概念
2. 会正确计算营运能力有关财务指标
3. 会评价各类资产的营运能力

 能力目标

1. 能够利用商业智能分析工具从不同维度对企业营运能力进行分析，建立模型并制作动态交互可视化报告
2. 能够多维度评价企业营运能力，并撰写分析结论

 素养目标

1. 具备敏锐的洞察力，能识别需求，搭建财务分析体系
2. 具备大数据思维、财务转型思维
3. 具备职业判断力，给出合理化运营建议

企业营运能力是企业运用各项资产以赚取利润的能力，其揭示了企业资金运营周转的情况。企业营运能力指标越好，说明企业资产周转越快，流动性越高，企业的偿债能力越强，资产获取利润的速度越快。资产运营能力的强弱取决于资产的周转速度、资产运行状况、资产管理水平等多种因素。资产的周转速度，通常用周转率和周转期来表示。

周转率：是企业在一定时期内资产的周转额与平均余额的比率，反映企业资产在一定时期的周转次数。周转次数越多，表明周转速度越快，资产运营能力越强。

周转期：是周转次数的倒数与计算期天数的乘积，反映资产周转一次所需的天数。周转期越短，表明周转速度越快，资产运营能力越强。

## 任务一 流动资产周转效率分析

 任务情境

流动资产周转效率可以从应收账款周转率、存货周转率和流动资产周转率三个指标来

考量。应收账款周转率衡量的是销售商品的效率，存货周转率衡量的是生产的效率，流动资产周转率衡量的是包括应收账款和存货在内的全部流动资产的营运效率。

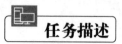

制作流动资产运营效率分析仪表板，重点分析同行业三家企业存货周转率、应收账款周转率、流动资产周转率的变动情况，以及不同企业存货结构、应收账款账龄分析情况，评价企业流动资产管理水平。

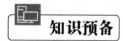

### 一、存货周转效率分析

存货周转效率可以用存货周转率或者存货周转期来衡量。存货周转率是衡量和评价企业购入存货、投入生产、销售收回等各环节管理状况的综合性指标，也被称为存货周转次数。其计算公式为：

$$存货周转率 = \frac{营业成本}{(年初存货 + 年末存货)/2} \times 100\%$$

一般情况下，该指标（周转次数）越高，表示企业资产由于销售顺畅而具有较强的流动性，存货转换为现金或应收账款的速度快，存货周转效率高；反之，存货周转速度越慢，存货有积压现象，周转效率低。分析企业存货周转率的高低也应结合同行业的存货平均水平和企业过去的存货周转情况进行判断。

存货周转天数是指企业从取得存货开始，至消耗、销售为止所经历的天数。其计算公式如下：

$$存货周转天数 = \frac{计期天数}{存货周转率} \times 100\%$$

周转天数越少，说明存货变现的速度越快，资金占用在存货的时间越短，存货管理工作的效率越高。

### 二、应收账款管理效率分析

应收账款周转率就是一定期间内公司应收账款转为现金的平均次数，是反映公司应收账款周转速度的比率。其计算公式为：

$$应收账款周转率 = \frac{营业收入}{(年初应收账款 + 年末应收账款)/2} \times 100\%$$

用时间表示的应收账款周转速度为应收账款周转天数，也称平均应收账款回收期或平均收现期。它表示公司从获得应收账款的权利到收回款项、变成现金所需要的时间。其计算公式为：

$$应收账款周转天数 = \frac{计期天数}{应收账款周转率} \times 100\%$$

一般来说，应收账款周转率高，表明公司收账速度快，坏账损失少，资产流动快，偿债能力强，应收账款周转天数越短越好。如果公司实际收回账款天数超过了公司规定应收账款天数，则说明债务人拖欠时间长，资信度低，增加了发生坏账损失的风险；同时也说明公司催收账款不力，使资产形成了呆账甚至坏账，对公司正常生产经营是不利的。但如果公司的应收账款周转天数太短，表明公司奉行较紧的信用政策，也可能会影响部分营业收入。

当然，一些因素也会影响应收账款周转率和周转天数计算正确性，比如在销售的过程中大量使用分期付款方式，或者在销售过程中采取大量收取现金的方式。投资者在分析这两个指标时，可以将公司本期指标和公司前期指标、行业平均水平或其他同行业公司的指标相比较，判断企业应收账款管理水平的高低。

### 三、流动资产周转效率分析

流动资产的周转效率可以用流动资产周转率来表示。流动资产周转率是指在一定时期内，企业营业收入与平均流动资产总额的比率，其计算公式为：

$$流动资产周转率 = \frac{营业收入}{(年初流动资产 + 年末流动资产)/2} \times 100\%$$

如果在一定时期内流动资产周转率较高，说明企业中流动资产完成的周转率较高，对流动资产的利用效果较好。相反，则意味着流动资产的利用效果不是很好。

## 任务实施

此任务可以仿照盈利能力分析，制作单个公司与对比公司的存货周转率、应收账款周转率、流动资产周转率分析仪表板。

另外，可以制作一份更复杂的行业重点公司营运能力动态对比分析仪表板，选取医药行业内三家上市公司：300122 智飞生物、300142 沃森生物和 300841 康华生物为样本。

### 一、数据获取、整理清洗

#### 1. 数据获取

在 Power Query 中新建源，导入三张资产负债表——资产负债表_300122、资产负债表_300142 和资产负债表_300841，并对三张报表进行同样的清洗整理，以资产负债表_300122 为例，首先删掉右侧"应用的步骤"里自动完成的后两个步骤，只保留"源"，如图 12-1 所示。

# 大数据财务分析：基于 Power BI 商业智能分析实战

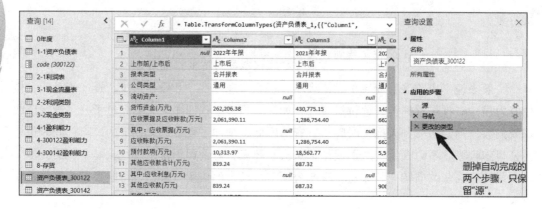

图 12-1  保留源

**2. 数据整理清洗**

点击数据表[Data]列右侧的展开图标，将所有列展开，得到带有"Name"列名新报表。如图 12-2 所示。

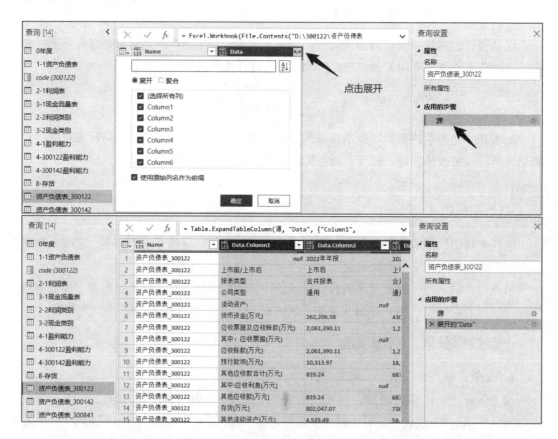

图 12-2  展开数据

将第一行用作标题，按"shift"同时选中前两列，并单击右键，在弹出的对话框中选择"逆透视其他列",将二维表转换成一维表,如图 12-3 所示。

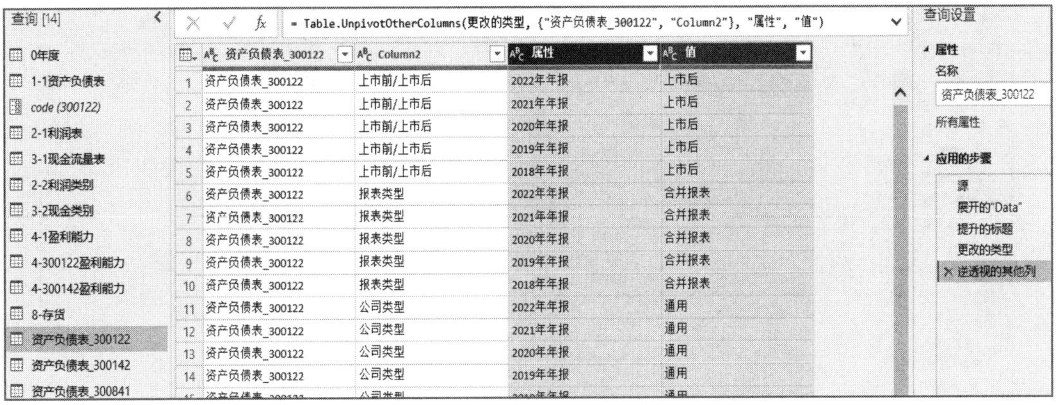

图 12-3 二维表转一维表

对资产负债表_300122 进行整理,去除冗余数据,将一维表标准化,如图 12-4 所示。

图 12-4 资产负债表整理清洗规范化

同样,将资产负债表_300142、资产负债表_300841 也整理成标准的一维表形式。回到资产负债表_300122,点击主页选项卡上的"追加查询",将另外两张表追加到此表,拆分出公司代码,注意要将公司代码调整为文本格式。将报表名称更改为"资产负债表_3 家公司",如图 12-5 所示。

同样,制作利润表_3 家公司。为了提高模型加载速度,300142 和 300841 两家公司的资产负债表、利润表均不需要加载到模型,可以右键点击表名,取消"启用加载",如图 12-6 所示。

点击"关闭并应用",将"资产负债表_3 家公司""利润表_3 家公司"上载到 Power BI Desktop。

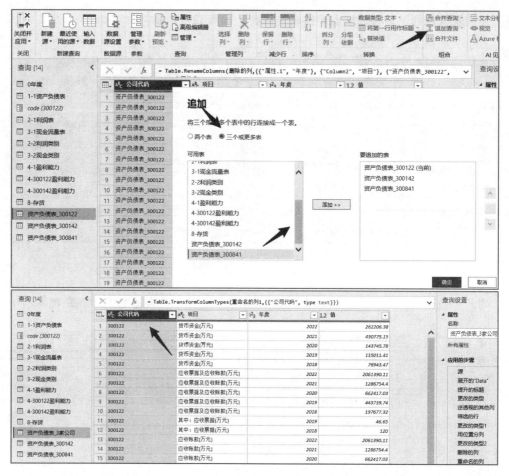

图 12-5 追加报表

图 12-6 取消启用加载

**3. 制作辅助指标表和公司代码表**

点击主页菜单栏的"输入数据",创建新表,用于存放营运能力指标名称,并将其重命名为"5-1 营运能力"。同样再利用输入数据的方法创建"公司代码表",用于存放公司代码及简称,如图 12-7 所示。

图 12-7　创建指标表和公司代码表

**4. 创建报表关系**

点击加载指标表和公司代码表,在模型视图中检查报表之间关联关系,"0 年度"[年度]与"资产负债表_3 家公司"[年度]、"利润表_3 家公司"[年度]分别建立"一"对"多"的关系,"公司代码表"[公司代码]与"资产负债表_3 家公司"[公司代码]、"利润表_3 家公司"[公司代码]分别建立"一"对"多"的关系。"5-1 营运能力"表与其他报表间没有关联关系,如图 12-8 所示。

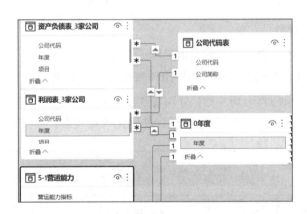

图 12-8　创建报表关系

## 二、建立度量值

**1. 营运能力指标度量值**

在"资产负债表_3 家公司""利润表_3 家公司"内分别建立营运能力指标相关度量值。

模块十二　营运能力分析

以存货周转率为例，其相关度量值如下，为了同单家公司相关度量值区分，将存货周转率命名为[存货周转率 1]：

存货 1=CALCULATE(sum('资产负债表_3 家公司'[值]),'资产负债表_3 家公司'[项目]="存货(万元)")

营业成本 1=CALCULATE(sum('利润表_3 家公司'[值]),'利润表_3 家公司'[项目]="营业成本(万元)")

年初存货 1=
var lastyear=SELECTEDVALUE('0 年度'[年度])-1
return
CALCULATE(sum('资产负债表_3 家公司'[值]),'资产负债表_3 家公司'[项目]="存货(万元)",'0 年度'[年度]=lastyear)

存货周转率 1=DIVIDE([营业成本 1],([存货 1]+[年初存货 1])/2)

同理，建立[应收账款周转率 1]、[流动资产周转率 1]。完成流动资产相关营运能力指标建模。

### 注意

建立的财务指标度量值要与前面单个报表内的度量值有所区分。

**2. 建立营运标题度量值**

营运标题 1=SELECTEDVALUE('5-1 营运能力'[营运能力指标])&"指标对比"
营运标题 2=SELECTEDVALUE('5-1 营运能力'[营运能力指标])&"排名"

### 三、制作公司代码、财务指标和年度切片器

**1. 导入新视觉对象**

从本地文件中导入巧克力切片器和信息图表设计。

**2. 制作公司简称切片器、指标名称切片器和年度切片器**

新建两个视觉对象巧克力切片器，分别将"公司代码表"[公司简称]、"5-1 营运能力"[营运能力指标]拖拽至切片器"类别"字段，并优化视觉效果，如图 12-9 所示。

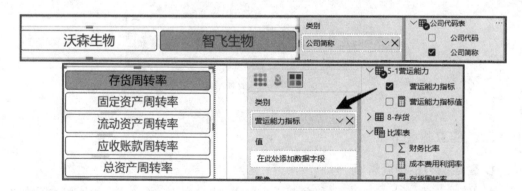

图 12-9　公司简称切片器和指标名称切片器

新建年度切片器,将"0年度"[年度]字段拖拽至字段,将切片器样式设置成"垂直列表"样式,并排除 2018 年,如图 12-10 所示。

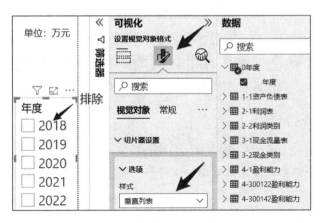

图 12-10 年度切片器

## 任务二 固定资产和总资产营运能力分析

企业资产营运能力的实质,就是要以最少的资产,在最短的时间周转生产尽可能多的产品,实现最多的销售收入。固定资产营运能力用来衡量固定资产的使用效率,总资产营运能力用来衡量企业组织、管理和营运整个资产的能力和效率。对于固定资产来说,企业提高固定资产营运效率的方法与提高流动资产管理效率的方法恰恰相反,是"延长"固定资产的使用周期。分析总资产周转率及其驱动因素,通过优化资产结构提高各类资产利用率,是加强企业资产管理、提高资金利用效率的重要方法。

固定资产营运能力主要受固定资产周转率的影响,反映总资产营运能力可以用总资产周转率来表示。通过对这些财务指标的分析对比,制作营运能力分析仪表板,对比查看不同企业营运能力指标。

### 知识预备

#### 一、固定资产周转率

固定资产周转率是指企业年销售收入与固定资产平均净额的比率。它是反映企业固定资产周转情况，从而衡量固定资产利用效率的一项指标。其计算公式为：

$$固定资产周转率 = \frac{营业收入}{(年初固定资产+年末固定资产)/2} \times 100\%$$

固定资产周转率高，表明企业固定资产利用充分，同时也能表明企业固定资产投资得当，固定资产结构合理，能够充分发挥作用；反之，如果固定资产周转率不高，则表明固定资产使用效率不高，提供的生产成果不多，企业的营运能力不强。

### 二、总资产周转率

总资产周转率是指企业在一定时期内的销售收入净额和资产平均余额的比率，是衡量企业在报告期内对全部资产使用的效率。其计算公式为：

$$总资产周转率 = \frac{营业收入}{(年初总资产+年末总资产)/2} \times 100\%$$

如果总资产周转率高，说明企业全部资产的经营效率好，取得的销售收入就高；反之，如果总资产周转率低，说明全部资产的经营效率差，取得的销售收入就少。因此，这一指标的高低最终影响企业的获利能力，但在使用时同样应该与同行业的比率进行比较，才能得出合理的结论。

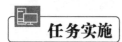

## 任务实施

### 一、建立度量值

仿照任务一建立[固定资产周转率 1]和[总资产周转率 1]。
固定资产周转率 1=DIVIDE([营业收入 1], ([固定资产 1]+[年初固定资产 1])/2)
总资产周转率 1=DIVIDE([营业收入 1], ([总资产 1]+[年初总资产 1])/2)
并在"5-1 营运能力"表内新建[营运能力指标]度量值：
营运能力指标值=SWITCH (SELECTEDVALUE ('5-1 营运能力'[营运能力指标]),"总资产周转率", [总资产周转率 1],"应收账款周转率", [应收账款周转率 1],"存货周转率", [存货周转率 1],"固定资产周转率", [固定资产周转率 1], [流动资产周转率 1])

### 二、制作营运能力分析仪表板

#### 1. 制作营运效率排名仪表板

新建视觉对象信息图表设计，将指标分别拖拽至相应字段，取消与公司简称切片器的编辑交互。注意不要取消与年度表的编辑交互。可以导入自定义图片，优化视觉效果，如图 12-11 所示。

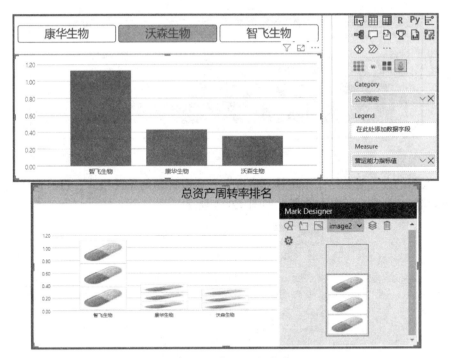

图 12-11　信息图表设计

在信息图表设计的设置对象格式里选择"常规",点击标题的条件格式"fx",将格式样式应用于"5-1 营运能力"[营运标题 2]字段,如图 12-12 所示。

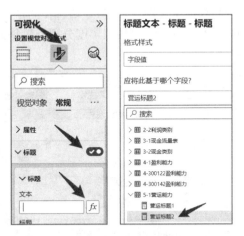

图 12-12　设置营运标题 2

## 2. 制作营运指标对比仪表板

新建视觉对象分区图,将"0 年度"[年度]拖拽至 X 轴,将"5-1 营运能力"[营运能力指标值]拖拽至 Y 轴,将"公司代码表"[公司简称]拖拽至图例,并且取消与年度切片器、公司简称切片器的编辑交互,如图 12-13 所示。

模块十二　营运能力分析

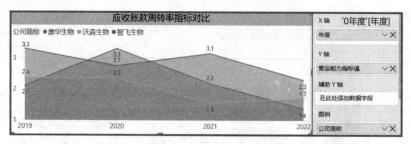

图 12-13 营运指标对比

在分区图的设置对象格式里选择"常规",点击标题的条件格式,将格式样式应用于"5-1 营运能力"[营运标题 1]字段,如图 12-14 所示。

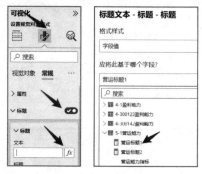

图 12-14 设置营运标题 1

### 3. 制作卡片图

制作营运能力五个代表指标的卡片图,注意度量值选择的是三家公司的营运能力指标,并完成整体可视化面板的布局和美化。可以按照年度分别查看每家公司营运能力不同指标的大小和排名,如图 12-15 所示。

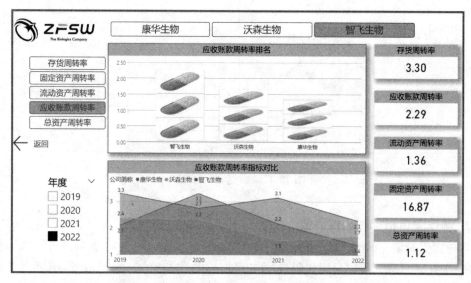

图 12-15 营运能力分析仪表板

**资讯前沿**

<h3 style="text-align:center">数字技术助力产业升级</h3>

习近平总书记指出:"利用互联网新技术对传统产业进行全方位、全链条的改造,提高全要素生产率,发挥数字技术对经济发展的放大、叠加、倍增作用。"近年来,随着5G、大数据、云计算、人工智能等新技术深入发展,数字技术正从更深层次、更广领域加速拥抱传统产业,推动传统产业加快转型升级,不断拓展智能化应用新场景。

数字技术与传统产业深度融合,有力增强了产业发展的接续性和竞争力。截至2022年底,企业数字化研发设计工具普及率为77%,关键工序数控化率为58.6%,比2012年分别提高了33.6个和28.6个百分点。工业互联网已全面融入国民经济45个大类,具有影响力的工业互联网平台超240个。

数字化加快推进,助力产业转型升级成效显著。成本更低,智能制造示范工厂的运营成本平均下降19%;效率更高,生产效率平均提升32%,产品研发周期平均缩短28%;质量更优,产品不良率平均下降24%,资源综合利用率平均提升22%。

顺应产业发展大势,把握数字化、网络化、智能化方向,不断推动数字技术同产业深度融合,催生更多新产业新业态新模式,将进一步激发增长新动能。

(资料来源:http://paper.people.com.cn/rmrb/html/2023-04/19/nw.D110000renmrb_20230419_1-08.htm)

 **技能操作**

**一、操作题**

选择一家制造型企业上市公司及两家同行业对比分析公司,根据分析需要,完成营运能力分析仪表板。

**二、撰写分析结论**

结合任务中营运能力分析要点,对公司营运能力作出评价。

1. 存货周转率、应收账款周转率分别代表什么意义?三家公司近年来横向比较,哪家公司表现得好?

2. 固定资产周转率、总资产周转率代表什么意义?三家公司表现如何?

3. 各财务指标近年有没有出现突然大幅度上下波动的情况,各项目之间有没有出现背离,或者出现恶化趋势?引起这些变化的原因是什么?请给出合理的评价。

**即测即练**

自学自测 扫描此码

# 模块十三 发展能力分析

1. 掌握发展能力的概念
2. 会正确计算发展能力有关财务指标
3. 掌握发展能力分析方法和思路

1. 能够利用商业智能分析工具从不同维度对企业发展能力进行分析，建立模型并制作动态交互可视化报告
2. 能够多维度评价企业发展能力，并撰写分析结论

1. 具备科学发展观、多维度的管理分析思维
2. 具备职业判断力、精益求精的工匠精神
3. 具备责任意识、创新思维，能给出战略决策建议

企业的发展能力，也称企业的成长性，是企业通过自身的生产经营活动，不断扩大积累而形成的发展潜能。从形成看，企业发展能力主要是通过自身的生产经营活动，不断扩大积累而形成的，主要依托于不断增长的销售收入、不断增加的资金投入和不断创造的利润等。从结果看，一个发展能力强的企业，企业资产规模不断增加，股东财富持续增长。通过对企业发展能力的分析，我们可以对企业未来的盈利能力进行评估，借此发现企业的价值，也能够帮助企业避免短视的经营行为。

## 任务一　营业收入与净利润增长分析

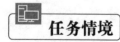

企业发展能力分析可以从发展能力形成角度分析增长率。首先观察营业收入和净利润的前后对比情况。对比营业收入与净利润的增长，如果一个企业营业收入增长，但净利润

并未增长，那么从长远来看，它并没有增加股东权益。同样，一个企业如果净利润的增长并不是来自营业收入，很可能是来自非经常性收益项目，如资产重组收益、债务重组收益、财政补贴等项目，那么这样的增长对于企业而言是无法持续保持的，因为非经常性损益并不代表企业的真实盈利能力，具有较大的偶然性和意外性。

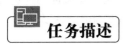

制作发展能力分析仪表板，制作年度、公司简称及发展能力指标切片器，完成企业营业收入增长率与净利润增长率度量值指标的建立。

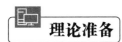

### 一、营业收入增长率

营业收入增长率是指企业本年营业收入增长额与上年营业收入增长额之间的比率，是评价企业成长状况和发展能力的重要指标。其计算公式为：

$$营业收入增长率 = \frac{本期营业收入增加额}{上期营业收入} \times 100\%$$

**注意**

如果上期营业收入为负值，则计算公式的分母应取其绝对值。

营业收入增长率是衡量企业经营状况和市场占有能力、预测企业经营业务拓展趋势的重要指标，也是企业扩张增量资本和存量资本的重要前提。该指标越大，表明其增长速度越快，企业市场前景越好。营业收入的增长率反映的是相对化的营业收入增长情况，与绝对量的营业收入增长额相比，消除了企业规模的影响，更能反映企业的发展情况。

### 二、净利润增长率

净利润增长率是本期净利润增加额与上期净利润之比，该指标反映的是企业净利润的增长情况。其计算公式为：

$$净利润增长率 = \frac{本期净利润增加额}{上期净利润} \times 100\%$$

**注意**

如果上期净利润为负值，则计算公式的分母应取其绝对值。

净利润是衡量一个企业经营效益的重要指标。净利润增长率代表企业当期净利润比上期净利润的增长幅度，指标值越大代表企业获利能力越强。

模块十三 发展能力分析

## 任务实施

### 一、数据获取、整理清洗

数据源依旧要用到“资产负债表_3 家公司”“利润表_3 家公司”。制作发展能力辅助指标表，点击主页菜单栏的“输入数据”，创建一个新表，用于存放发展能力指标名称，并将其重命名为“6-1 发展能力”，如图 13-1 所示。

创建表

| | 发展能力指标 | + |
|---|---|---|
| 1 | 股东权益增长率 | |
| 2 | 净利润增长率 | |
| 3 | 营业收入增长率 | |
| 4 | 总资产增长率 | |
| + | | |

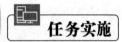

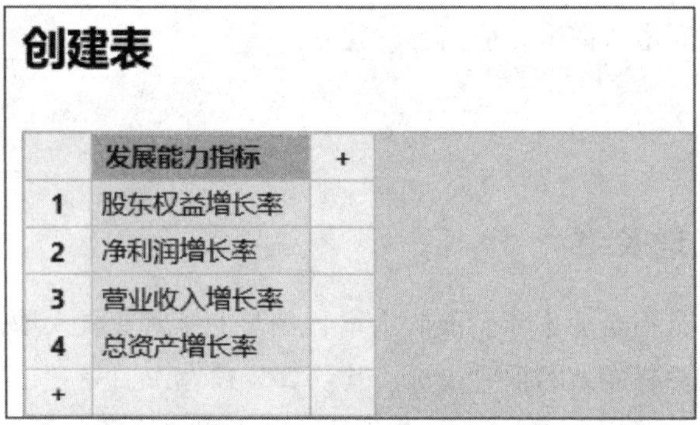

图 13-1　发展能力辅助报表

“6-1 发展能力”表与其他报表间没有关联关系。

### 二、建立度量值

在“利润表_3 家公司”表内建立营业收入增长率和净利润增长率的度量值，为了同单家公司相关度量值区分，将其命名为[收入增长率 1]和[净利润增长率 1]。以[净利润增长率 1]为例，首先要建立[净利润 1]和[年初净利润 1]度量值：

净利润 1=CALCULATE(sum('利润表_3 家公司'[值]), '利润表_3 家公司'[项目]-"六、净利润(万元)"),

年初净利润 1=var lastyear=SELECTEDVALUE('0 年度'[年度])-1

returnCALCULATE(sum('利润表_3 家公司'[值]), '利润表 3 家公司'[项目]="六、净利润(万元)", ' 0 年度'[年度]=lastyear)

再建立[净利润增长率 1]度量值：

净利润增长率 1=DIVIDE([净利润 1]-[年初净利润 1], abs([年初净利润 1]))

同理，建立[营业收入增长率 1]度量值：

营业收入增长率 1=DIVIDE([营业收入 1]-[年初营业收入 1], abs([年初营业收入 1]))

**注意**

净利润和营业收入如果年初值为负数，在计算增长率时要用年初数的绝对值。

### 三、制作发展能力分析仪表板

**1. 制作公司简称和发展能力指标切片器**

新建两个视觉对象巧克力切片器,分别将"公司代码表"[公司简称]、"6-1 发展能力"[发展能力指标]拖拽至切片器"类别"字段。并优化视觉效果,如图 13-2 所示。

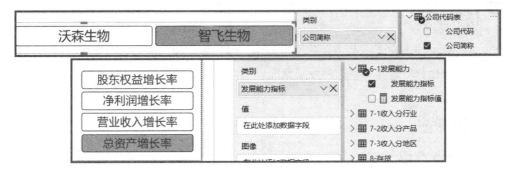

图 13-2 公司简称和发展能力指标切片器

**2. 制作年度切片器**

新建年度切片器,将"0 年度"[年度]字段拖拽至字段,将切片器样式设置成"垂直列表"样式,并排除 2018 年,如图 13-3 所示。

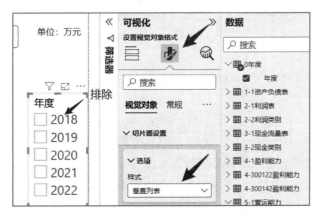

图 13-3 年度切片器

## 任务二 资产与资本增长分析

考察企业发展能力还要考察企业总资产与资本的变化趋势,资产是企业用于取得收入的资源,也是企业偿还债务的保障。资产增长是企业发展的一个重要方面,发展性高的企

模块十三 发展能力分析

业一般能保持资产的稳定增长。分析企业增长需要正确分析企业资产增长的来源。如果一个企业资产的增长完全依赖于负债的增长，而所有者权益项目在年度里没有发生变动或者变动不大，则说明企业不具备良好的发展能力。从企业自身的角度来看，企业资产的增加应该主要取决于企业盈利的增加。

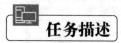

通过对发展能力相关财务指标的分析对比，制作发展能力的分析仪表板，考察同行业三家公司，对比分析近几年它们的发展情况。

## 一、总资产增长率

总资产增长率是企业本年总资产增长额同年初资产总额的比率，可以衡量企业本期资产规模的增长情况，评价企业经营规模总量上的扩张程度。其计算公式为：

$$总资产增长率 = \frac{本期总资产增加额}{上期总资产} \times 100\%$$

资产增长率越高，说明企业本年内资产规模扩张的速度越快，但应注意资产规模扩张的质与量之间的关系及企业的后续发展能力，避免盲目扩张。

## 二、股东权益增长率

股东权益增长率是本期股东权益增加额与股东权益期初余额之比，也可以称为资本积累率。其计算公式如下：

$$股东权益增长率 = \frac{本期股东权益增加额}{股东权益期初余额} \times 100\%$$

较多的资本积累是企业发展强盛的标志，是企业扩大再生产的源泉，是评价企业发展潜力的重要指标。股东权益增长率用来衡量企业资本积累的速度，反映企业净资产的变动水平。股东权益的增加反映了股东财富的增加，在实践中，也可以采用比率来表示股东权益的增加。股东权益的增加就是期初余额到期末余额的变化，利用股东权益增长率能够解释这种变化。

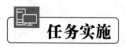

## 一、建立度量值

**1. 发展能力指标度量值**

仿照任务一建立度量值[总资产增长率1]、[股东权益增长率1]。

**2. 发展能力指标值**

在"6-1发展能力"内新建度量值：

发展能力指标值=SWITCH (SELECTEDVALUE ('6-1发展能力'[发展能力指标] ),"股东权益增长率", [股东权益增长率1],"净利润增长率", [净利润增长率1],"营业收入增长率", [营业收入增长率1],[总资产增长率1])

**3. 标题度量值**

设置标题度量值：

发展标题1=SELECTEDVALUE('6-1发展能力'[发展能力指标])&"指标对比"

发展标题2=SELECTEDVALUE('6-1发展能力'[发展能力指标])&"排名"

> **注意**
>
> 比率度量值一定要将数据格式调整成百分比格式，并保留两位小数。

## 二、制作发展能力分析仪表板

**1. 制作发展速度排名**

新建视觉对象信息图表设计，将指标分别拖拽至相应字段，取消与公司简称切片器的编辑交互，但注意不要取消与年度表的编辑交互，并优化视觉效果，如图13-4所示。

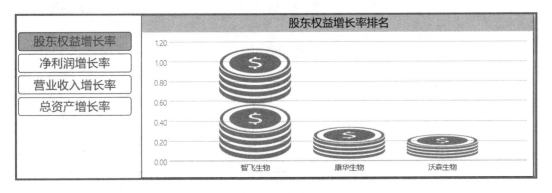

图13-4 发展速度排名

**2. 制作发展指标对比仪表板**

新建视觉对象分区图，将"0年度"[年度]拖拽至X轴，[发展能力指标值]拖拽至Y轴，[公司简称]拖拽至图例，并且取消与年度切片器、公司简称切片器的编辑交互，排除2018年数据，如图13-5所示。

**3. 制作卡片图及整体优化**

制作发展能力四个代表指标的卡片图,注意度量值选择的是三家公司的发展能力指标，设置发展能力对比图的标题，并完成整体可视化面板的布局和美化。可以按照年度分别查看每家公司发展能力不同指标的大小和排名，如图13-6所示。

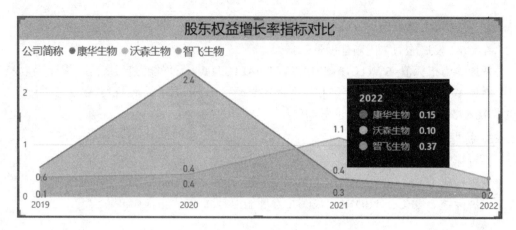

图 13-5　发展能力指标对比

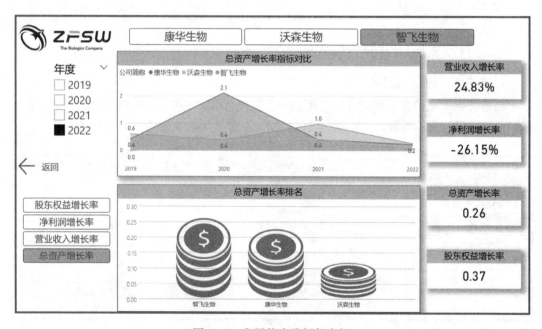

图 13-6　发展能力分析仪表板

## 📖 资讯前沿

把优化民企发展环境落到实处

2023年7月19日，《中共中央 国务院关于促进民营经济发展壮大的意见》（以下简称《意见》）正式发布。7月20日，国新办举行发布会，邀请有关部门负责同志介绍了《意见》和促进民营经济发展壮大的有关情况。

**多措并举促进民营经济高质量发展**

"长期以来，民营经济在稳定增长、促进创新、增加就业、改善民生等方面发挥了积极的作用，已经成为我国经济制度的内在要素、推动经济持续健康发展的重要力量。"国家发展改革委副主任李春临表示，《意见》的出台充分体现了以习近平同志为核心的党中央对民营经济的高度重视和对民营经济人士的深切关怀，将有力促进民营经济发展壮大。

《意见》在强化民营经济发展法治保障、促进民营经济健康发展、促进民营经济人士健康成长等方面提出不少举措。"一方面，我们要为民营经济创造法治化营商环境，依法保护民营企业产权和企业家权益。另一方面，民营企业自身也要不断改革、积极创新、规范经营、练好内功。"李春临表示，围绕《意见》的落实落地，国家发展改革委将推出促进民营经济发展近期若干举措，并制定印发促进民间投资的政策文件，"多措并举、多管齐下，切实推动《意见》落地见效，促进民营经济高质量发展。"

**切实做好民企"稳预期、强信心"工作**

"预期稳、信心足，民营企业才能够安心谋发展。"全国工商联副主席安立佳表示，全国工商联今年将"稳预期、强信心"作为工作重点，切实促进民营经济发展壮大。

一是加强思想引导，帮助民营企业家形成正确认识。一方面，做好政策宣传解读，帮助民营企业家充分了解、正确理解鼓励支持民营经济发展壮大的方针政策，正确把握政策导向、抓住用好政策红利，增强信心、轻装上阵、大胆发展。另一方面，帮助民营企业家充分认识我国国家制度和国家治理体系的显著优势，认清我国经济长期向好的基本面和大趋势。

二是做好依法保护，以推动法治建设的实际进展和成效切实改善预期。不断完善工商联法律服务体系，继续推动清理和修订违反公平、开放、透明市场规则的法律法规和政策文件，持续跟踪推动有关立法进展，依法维护民营企业产权和企业家合法权益。

三是做好沟通协商，努力为民营企业和民营企业家排忧解难。打造政企沟通协商平台，推动实现政企沟通协商常态化、制度化、规范化，把构建亲清政商关系落到实处。

四是做好正面宣传，在全社会营造尊商重商的良好氛围。大力弘扬优秀企业家精神的同时，配合有关部门依法打击对民营企业恶意造谣抹黑等行为，营造有利于民营企业发展的舆论环境。

**为中小企业发展营造良好环境**

中小企业和民营企业互为主体，民营企业中90%以上是中小企业，中小企业中90%以上是民营企业。发布会上，工业和信息化部副部长徐晓兰介绍了为中小企业发展营造良好环境的相关进展。

着力健全法制环境。深入落实中小企业促进法，推动出台配套法规。同时，深入开展清理拖欠中小企业账款工作。

加力完善政策环境。出台《助力中小微企业稳增长调结构强能力若干措施》等一系列政策，仅去年一年，国家层面出台支持中小微企业的政策就达40多项，带动省级出台配套政策文件270多个。

持续优化创新环境。开展数字化赋能、科技成果赋智、质量标准品牌赋值中小企业"三赋"专项行动，提升中小微企业核心竞争力。截至目前，已累计培育5批1.2万余家专精特新"小巨人"企业，带动地方培育近9万家专精特新中小企业。此外，还培育小微企业创业创新示范基地、中小企业特色产业集群，搭建创新载体，集聚各方面创新资源。

不断改善融资环境。推动银行业金融机构加大对中小微企业的信贷投放。6月末，普惠小微贷款余额27.7万亿元，同比增长26.1%；普惠小微授信户数同比增长13.3%；专精特新中小企业贷款余额同比增长20.4%。支持专精特新中小企业上市融资，发挥国家中小企业发展基金引导作用，带动更多社会资本"投早投小投创新"。截至6月底，累计有1 446家专精特新中小企业在A股上市，占A股已上市企业的27.7%；国家中小企业发展基金累计设立31只子基金，子基金募资总规模近900亿元，完成投资项目1 100多个。

加快构建高效服务体系。初步形成以国家、省、市、县四级近1700家中小微企业公共服务机构为骨干、3 800多家省级以上服务示范平台为支撑、广大社会化服务机构为补充的中小微企业服务体系。今年上半年，全国各类服务机构服务企业共计700多万家。

（资料来源：http://hb.people.com.cn/n2/2023/0721/c194063-40501778.html）

## 一、操作题

选择一家制造型企业上市公司及两家同行业对比分析公司，根据分析需要，完成发展能力分析仪表板。

## 二、撰写分析结论

结合任务中发展能力分析要点，对公司发展能力作出评价。

1. 从收入的增长和利润增长的情况来看，三家公司对比情况如何？为什么？三家公司收入同利润增长的趋势是否相同？有什么意义？

2. 从总资产增长的情况来看，三家公司规模扩张能力如何？

3. 从净资产增长情况来看，三家公司资本积累能力如何？

4. 各财务指标近年有没有出现突然大幅度上下波动的情况，各项目之间有没有出现背离，或者出现恶化趋势？引起这些变化的原因是什么？请给出合理的评价。

即测即练

自学自测　扫描此码

# 偿债能力分析

模块十四

**知识目标**

1. 掌握偿债能力的概念
2. 会正确计算偿债能力有关财务指标
3. 掌握偿债能力分析方法和思路

**能力目标**

1. 能够利用商业智能分析工具从不同维度对企业偿付能力进行分析，建立模型并制作动态交互可视化报告
2. 能够多维度评价企业偿债能力，并撰写分析结论

**素养目标**

1. 具备批判性思维
2. 具备职业判断力、精益求精的工匠精神
3. 具备责任意识、创新思维，能给出战略决策建议

企业为了发展，会利用财务杠杆进行举债经营。偿债能力是指企业偿还各种到期债务的能力，是反映企业财务状况和经营能力的重要标志，是企业偿还到期债务的承受能力或保证程度。根据时间期限的不同，分为短期债务和长期债务。一年内到期的债务为短期债务，短期债务直接影响企业当年的现金流；长于一年的为长期债务。长期偿债能力的分析便于债权人和投资者全面了解企业的偿债能力和财务风险。合理的债务水平可以有效增加企业市场份额、提高竞争能力、强化有利的市场地位。

## 任务一　短期偿债能力分析

**任务情境**

短期偿债能力分析是指企业偿还流动负债的能力。流动负债是将在一年内或超过一年的一个营业周期内需要偿付的债务，这部分负债对企业的财务风险影响较大，如果不能及

时偿还，可能使企业面临倒闭的危险，通常需要以现金来直接偿还。企业短期偿债能力的大小，关系到债权人的本息能否如期如数安全收回。对于企业的所有者而言，保持一定的短期偿债能力是企业开展生产经营活动的前提条件，也是保证长期偿债能力的基础。

一般情况下，评价企业短期偿债能力的分析指标主要有流动比率、速动比率、现金比率、现金流量比率和到期债务本息偿付比率等。

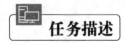

完成三家公司数据源表的导入、整理、清洗及标准化，以及短期偿债能力指标的建模，制作公司简称、年度及偿债能力指标切片器。

### 一、影响短期偿债能力的因素

短期偿债能力受多种因素的影响，包括行业特点、经营环境、生产周期、资产结构、流动资产运用效率等。可分为企业内部因素和企业外部因素。

**1. 企业内部因素**

影响企业短期偿债能力的内部因素主要有：

（1）流动资产规模与结构。主要考察变现能力较强的流动资产所占的比重，而变现能力较弱的资产的偿债能力大打折扣。

（2）流动负债的规模与结构。主要考察需要用现金偿付的流动负债所占的比重，另一部分流动负债主要是预收货款等，只要企业拥有充足的存货，即可保证其偿债能力，而不需要现金偿付。

（3）企业的融资能力。企业如果有较强的融资能力，与银行等金融机构保持良好的信用关系，随时能够筹措到需要的资金，总能按期偿付债务和支付利息，那么即使该企业的各种偿债能力指标并不高，实际上也具备很强的偿债能力。

（4）企业的经营现金流量水平。企业负债的偿付方式有两种，一是用自身的资产偿付，二是举新债来偿付旧债，但最终要用自身的资产来偿付。短期负债一般来讲需要以企业的流动资产来偿付，因此，充足、稳定的现金流入是企业偿债能力强的重要标志。

**2. 企业外部因素**

影响企业短期偿债能力的外部因素主要有：

（1）宏观经济形势。宏观经济环境包括国内外经济形势、政策环境、货币政策等。宏观经济形势对国民经济和社会购买力会产生重要影响，进而影响市场需求和产品销售，对于企业来说，其影响产品和存货是否可以很轻易地转换为现金，从而影响企业偿债能力。

（2）证券市场的完善程度。如果证券市场比较完善，企业比较容易将拥有的证券兑换为所需要的现金，提高公司支付能力。

（3）银行的信贷政策。随着国家进一步加强企业金融风险管理，银行对企业信贷的审批越来越严格，特别是对企业质押的资质和信贷评级的要求也越来越高。银行通常会利用更高的利率，加上额外的借款条件，如担保和抵押，来控制高风险行业的企业贷款。

## 二、短期偿债能力指标计算与分析

**1. 流动比率**

流动比率，是指流动资产与流动负债的比率，表示每一元的流动负债，有多少流动资产作为偿还保证。其计算公式为：

$$流动比率 = \frac{流动资产}{流动负债} \times 100\%$$

流动比率是衡量企业短期偿债能力的重要指标，反映了企业流动资产在短期债务到期时可变现用于偿还流动负债的能力。该指标越高，表示企业的偿付能力越强，企业所面临的短期流动风险越小，债权人安全程度越高。一般认为，制造业企业流动比率在2以上比较好。

**2. 速动比率**

速动比率又称酸性试验比率，是指企业的速动资产与流动负债的比率，用来衡量企业流动资产中可以立即变现偿付流动负债的能力。该指标从流动比率演化而来，所以常常和流动比率一起使用，用来判断和评价企业的短期偿债能力。其计算公式为：

$$速动比率 = \frac{速动资产}{流动负债} \times 100\%$$

速动资产一般包括货币资金、交易性金融资产、应收票据、应收账款、应收利息、应收股利、其他应收款和其他流动资产。速动资产的另一种表达方式是流动资产减存货。

一般认为，在制造型企业的全部流动资产中，存货大约占50%。所以，速动比率的一般标准为1，也就是说，每一元的流动负债，都有一元几乎可以立即变现的资产来偿付。如果速动比率低于1，一般认为偿债能力较差，但分析时还要结合其他因素进行评价。对流动比率和速动比率必须辩证分析，进行风险和收益的权衡。

**3. 现金比率**

现金比率，是指现金类资产对流动负债的比率，该指标有两种表达方式。

（1）现金类资产，仅指货币资金。根据这一定义，现金比率的计算公式为：

$$现金比率 = \frac{货币资金}{流动负债} \times 100\%$$

（2）现金类资产，除货币资金外，还包括货币资金的等价物，即企业持有的期限短、流动性强、易于转换为已知金额的现金、价值变动风险很小的投资，如有价证券。按这种理解，现金比率的计算公式为：

$$现金比率 = \frac{货币资金 + 有价证券}{流动负债} \times 100\%$$

现金比率越高，表示企业可立即用于支付债务的现金类资产越多。由于企业现金类资产的盈利水平较低，企业不可能也没有必要保留过多的现金类资产。如果这一比率过高，表明企业通过负债方式筹集的流动资金没有得到充分的利用，所以并不鼓励企业保留更多的现金类资产。一般认为这一比率应在20%左右，在这一水平上，企业的直接支付能力不会有太大的问题。

#### 4. 现金流动负债比率

现金流动负债比率，是指经营活动现金流量净额与平均流动负债的比率，用来衡量企业的流动负债用经营活动所产生的现金来支付的程度。其计算公式为：

$$现金流动负债比率 = \frac{经营活动现金流量净额}{平均流动负债} \times 100\%$$

经营活动现金流量净额的大小反映出企业某一会计期间生产经营活动产生现金的能力，是偿还企业到期债务的基本资金来源。该指标大于等于1时，表示企业有足够的能力以生产经营活动产生的现金来偿还其短期债务；该指标小于1时，表示企业生产经营活动产生的现金不足以偿还到期债务，必须采取对外筹资或出售资产才能偿还债务。

## 任务实施

### 一、数据源获取、整理清洗

#### 1. 数据源获取

数据源要用到三家公司资产负债表、利润表和现金流量表。资产负债表、利润表已导入整理好，将三家公司的现金流量表导入分析模型。在 Power Query 中新建源，导入三家公司现金流量表："现金流量表_300122""现金流量表_300142""现金流量表_300841"，对三张报表进行初步整理。以现金流量表_300122 为例，首先删掉右侧"应用的步骤"里自动完成的后两个步骤，只保留"源"，如图14-1所示。

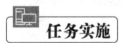

图14-1 现金流量表数据源

#### 2. 数据整理清洗

单击"现金流量表_300122"[Data]列右侧的展开图标 ，得到带有"Name"列名新报表，如图 14-2 所示。

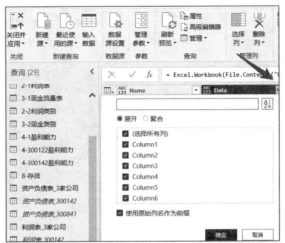

图 14-2 数据展开

单击"将第一行用作标题"，再选中前两列右键单击，在弹出的对话框中单击"逆透视其他列"，将二维表转换成一维表，如图 14-3 所示。

图 14-3 逆透视其他列

对"现金流量表_300122"进行整理，去除冗余数据，规范数据格式，如图 14-4 所示。

模块十四 偿债能力分析

图 14-4 数据整理清洗规范化

同样，"现金流量表_300142""现金流量表_300841"也整理成标准的一维表形式。

回到"现金流量表_300122"，单击主页选项卡上追加查询，将另外两张现金流量表追加到此表，拆分出公司代码，注意将公司代码调整为文本格式。将报表名称更改为"现金流量表_3家公司"，如图 14-5 所示。

图 14-5 现金流量表_3家公司

为了提高模型加载速度，"现金流量表_300142""现金流量表_300841"均不需要加载到数据模型，可以右键单击表名，取消"启用加载"，如图 14-6 所示。

图 14-6 取消启用加载

单击"关闭并应用",将"现金流量表_3家公司"上载到 Power BI Desktop。

### 3. 制作偿债能力辅助指标表

单击主页菜单栏的"输入数据",创建一个新表,用于存放偿债能力指标名称,并重命名为"7-1偿债能力",如图14-7所示。

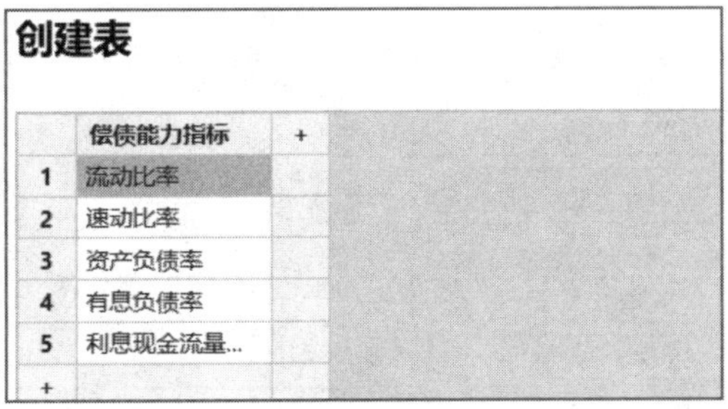

图 14-7 偿债能力辅助指标表

单击加载创建好两张新报表,在模型视图中检查报表之间有无建立正确的关联关系,"0年度"[年度]与"现金流量表_3家公司"[年度]建立"一"对"多"的关系,"公司代码表"[公司代码]与"现金流量表_3家公司"[公司代码]建立"一"对"多"的关系。"7-1偿债能力"表与其他报表间没有关联关系,如图14-8所示。

模块十四 偿债能力分析

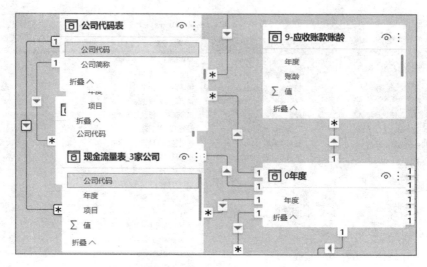

图 14-8　建立报表关联关系

## 二、建立度量值

在"资产负债表_3 家公司"内建立[流动负债 1]度量值,"现金流量表_3 家公司"内建立[经营现金流量净额 1]、[流动比率 1]、[速动比率 1]度量值:

速动比率 1 = DIVIDE（[流动资产 1] – [存货 1]，[流动负债 1]）

流动比率 1 = DIVIDE（[流动资产 1]，[流动负债 1]）

## 三、制作指标切片器

### 1. 制作巧克力切片器

新建视觉对象巧克力切片器，将"7-1 偿债能力"[偿债能力指标]拖拽至切片器"类别"字段。并优化视觉效果，如图 14-9 所示。

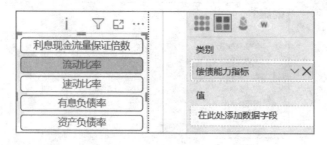

图 14-9　偿债能力指标切片器

### 2. 制作公司代码、年度切片器

新建两个视觉对象切片器，分别将"公司代码表"[公司简称]、"0 年度"[年度]拖拽至切片器内的"字段"。以公司简称切片器为例，将两个切片器设置样式改为"下拉"菜单样式，选择"单项选择"，年度切片器排除 2018 年，并优化视觉效果，如图 14-10 所示。

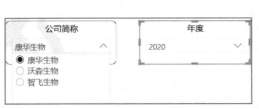

图 14-10　公司简称和年度切片器

## 任务二　长期偿债能力分析

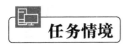

长期偿债能力,是指企业偿还非流动负债的能力,或者说企业偿还非流动负债的保障程度。企业的非流动负债包括长期借款、应付债券、长期应付款、专项应付款、递延所得税负债及其他非流动负债。

**任务描述**

完成长期偿债能力财务指标的建模,制作偿债能力整体分析仪表板,重点分析同行业三家企业偿债能力指标对比及变动情况。

### 一、影响长期偿债能力的因素

影响企业长期偿债能力的主要因素有:

**1. 企业的盈利能力**

一般而言,企业的盈利能力越强,长期偿债能力越强;反之,则长期偿债能力越弱。

**2. 投资效果**

企业所举借的长期债务主要用于固定资产等方面进行长期投资,投资的效果决定了企业是否有能力偿还长期债务。

**3. 权益资金的增长和稳定程度**

对于债权人来说,将利润的大部分留在企业,会使权益资金增加,减少利润外流,这对投资人并没有什么实质的影响,却会增加偿还债务的可靠性,从而提高企业的长期偿债能力。

**4. 权益资金的实际价值**

权益资金的实际价值是影响企业最终偿债能力的最重要因素。

模块十四　偿债能力分析

### 5. 企业经营现金流量

企业只有具备较强的变现能力和充裕的现金,才能保证具有真正的偿债能力。因此,企业的现金流量状况是决定偿债能力保证程度的关键。

## 二、长期偿债能力指标

### 1. 资产负债率

资产负债率,是综合反映企业偿债能力的重要指标,它通过负债与资产的对比,反映企业总资产中有多少资产是通过举债获得的,其计算公式为:

$$资产负债率 = \frac{负债总额}{总资产} \times 100\%$$

资产负债率指标,既可以用于衡量企业利用债权人资金进行经营活动的能力,也可以反映债权人发放贷款的安全程度。该指标越大,说明企业的债务负担越重;反之,说明企业的债务负担越轻。对债权人来说,该比率越低越好,因为企业的债务负担越轻,其总体偿债能力越强,债权人权益的保证程度越高。对于一般制造业公司来说,如果这一比率超过100%,则表明企业已经资不抵债,视为达到破产的警戒线。

### 2. 股东权益比率

股东权益比率,是所有者权益同资产总额的比率,反映企业全部资产中有多少是投资人投资所形成的,其计算公式为:

$$股东权益比率 = \frac{股东权益}{总资产} \times 100\% = 1 - 资产负债率$$

这是表示长期偿债能力保证程度的重要指标,该指标越高,说明企业资产中由投资人投资所形成的资产越多,偿还债务的能力越大。

### 3. 产权比率

负债与股东权益直接对比,称为产权比率。其计算公式为:

$$产权比率 = \frac{负债总额}{股东权益} \times 100\%$$

产权比率是反映债务负担与偿债保证程度相对关系的指标。它和资产负债率、股东权益比率具有相同的经济意义,但该指标更直观地表示出了负债受到股东权益的保护程度。

### 4. 有息负债率

负债分为两种:一种是依照负债契约不产生利息的负债,称为无息负债,例如来自经销商先付款后提货形成的预收账款,以及向供货商延期支付形成的应付票据和应付账款等;另一种是依照负债契约产生利息的负债,称为有息负债,包括银行长期借款、发行债券等。有息负债与无息负债对利润的影响是完全不同的,前者减少利润,而后者不影响利润。因此,公司在降低负债率方面,应当重点减少有息负债。有时,在揭示公司偿债能力方面,有息负债率比资产负债率更有意义。有息负债率是企业负债里需支付利息的债务占总负债的比例。其计算公式为:

$$有息负债率 = \frac{短期借款 + 1年内到期长期负债 + 长期借款 + 应付债券 + 长期应付款}{总资产} \times 100\%$$

## 5. 已获利息倍数

已获利息倍数，是指企业息税前利润与利息支出的比率。其计算公式为：

$$已获利息倍数 = \frac{利润总额 + 利息支出}{利息支出}$$

公式中的利息支出包括财务费用中的利息支出和资本化利息。已获利息倍数指标反映了企业盈利与利息费用之间的特定关系，一般来说，该指标越高，说明企业的长期偿债能力越强；该指标越低，说明企业的偿债能力越差。

## 6. 利息现金流量保证倍数

利息现金流量保证倍数，是指企业生产经营净现金流量与利息费用的比率。该指标反映了生产经营活动产生的现金流量净额是利息费用的多少倍。其计算公式为：

$$利息现金流量保证倍数 = \frac{经营活动现金流量净额}{利息费用}$$

利息现金流量保证倍数比已获利息倍数更能反映企业的偿债能力。当企业息税前利润和经营活动净现金流量变动基本一致时，这两个指标结果相似。如果企业正处于高速成长期，息税前利润和经营活动净现金流量相差很大时，使用利息现金流量保证倍数指标更稳健、更保守。

## 7. 准货币资金

准货币资金亦称"准通货"，是可随时兑换成货币，但不能直接用于支付的银行定期存款和政府债券。由于银行定期存款和政府债券本身并不是货币，因此不能直接作为流通手段和支付手段，但它很容易兑换成一定数量的货币。因此，准货币是一种潜在的货币，对货币流通有直接的影响，特别是在通货膨胀时期，它们随时有可能转化为现实的货币，从而增大货币供应量，加剧通货膨胀的严重程度。准货币主要由银行定期存款、储蓄存款及各种短期信用流通工具等构成，如国库券储蓄存单、外汇券、侨汇券、金融卡等。

## 一、建立度量值

### 1. 准货币资金相关度量值

货币资金 1 = CALCULATE(sum('资产负债表_3 家公司'[值]), '资产负债表_3 家公司'[项目] = "货币资金(万元)")

交易性金融资产 1 = CALCULATE(sum('资产负债表_3 家公司'[值]),'资产负债表_3 家公司'[项目] = "交易性金融资产(万元)")

准货币资金 1 = [交易性金融资产 1] + [货币资金 1]

仿照任务一在"资产负债表_3 家公司""利润表_3 家公司"和"现金流量表_3 家公司"内分别建立所需科目度量值，再建立资产负债率、有息负债率和利息现金流量保证倍数度量值：

资产负债率 1 = DIVIDE([总负债 1],[总资产 1])

有息负债 1 = [短期借款 1] + [一年内到期的非流动负债 1] + [长期借款 1] + [应付债券 1] + [长期应付款 1] + [应付利息 1]

有息负债率 1 = DIVIDE([有息负债 1],[总资产 1])

利息现金流量保证倍数 1 = DIVIDE([经营现金流量净额 1], [利息费用 1])

> **注意**
>
> 可根据分析需要建立不同的度量值，比率度量值一定要将数据格式调整成百分比格式，并保留两位小数。

**2. 偿债能力指标度量值**

在"7-1 偿债能力"表内建立[偿债能力指标值]度量值：

偿债能力指标值 = SWITCH (SELECTEDVALUE ('7-1 偿债能力'[偿债能力指标]),"利息现金流量保证倍数", [利息现金流量保证倍数 1],"流动比率", [流动比率 1],"速动比率", [速动比率 1],"有息负债率", [有息负债率 1], [资产负债率 1])

**3. 标题度量值**

制作偿债标题度量值：

偿债标题 0 = SELECTEDVALUE('7-1 偿债能力'[偿债能力指标])&"指标对比"

偿债标题 1 = SELECTEDVALUE('公司代码表'[公司简称])&"负债及有息负债变动趋势"

偿债标题 2 = SELECTEDVALUE('公司代码表'[公司简称])&"准货币资金及有息负债覆盖情况"

偿债标题 3 = SELECTEDVALUE('7-1 偿债能力'[偿债能力指标])&"企业排名"

## 二、制作资本盈利能力分析仪表板

### 1. 制作负债及有息负债变动趋势仪表板

新建视觉对象折线和簇状柱形图，将"0 年度"[年度]拖拽至 X 轴，"资产负债表_3 家公司"[总资产 1]、[有息负债 1]拖拽至列 y 轴，"资产负债表_3 家公司"[有息负债率 1]拖拽至行 y 轴，并且取消与年度切片器的编辑交互，如图 14-11 所示。

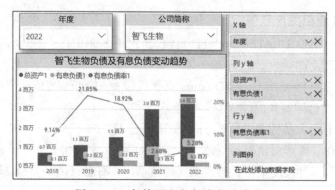

图 14-11　负债及有息负债变动趋势

在设置对象格式里选择"常规",单击标题的条件格式,将格式样式应用于"7-1偿债能力"[偿债标题1]字段,如图14-12所示。

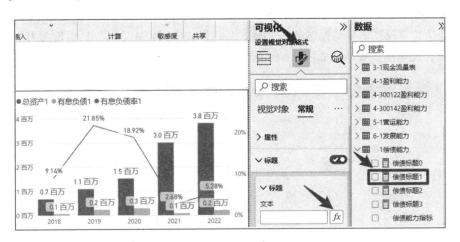

图14-12　添加标题

**2. 制作偿债指标对比仪表板**

新建视觉对象折线图,将"0 年度"[年度]拖拽至 X 轴,"7-1 偿债能力"[偿债能力指标值]拖拽至 Y 轴,"公司代码表"[公司简称]拖拽至图例,并且取消与年度切片器、公司简称切片器的编辑交互,在设置对象格式里选择常规,单击标题的条件格式,将格式样式应用于"7-1 偿债能力"[偿债标题0]字段,如图14-13所示。

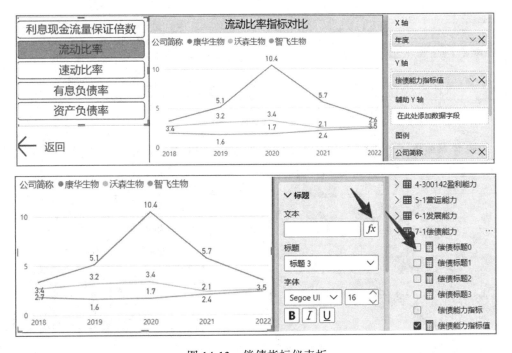

图14-13　偿债指标仪表板

模块十四　偿债能力分析

### 3. 制作准货币资金及有息负债覆盖情况仪表板

新建视觉对象分区图，将"0 年度"[年度]拖拽至 X 轴，"资产负债表_3 家公司"[准货币资金 1]、[有息负债 1]拖拽至 Y 轴，并且取消与年度切片器的编辑交互，在设置对象格式里选择"常规"，单击标题的条件格式，将格式样式应用于"7-1 偿债能力"[偿债标题 2]字段，优化视觉效果，如图 14-14 所示。

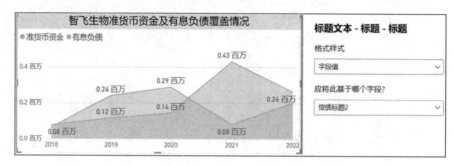

图 14-14　准货币资金及有息负债覆盖情况仪表板

### 4. 制作偿债指标排名仪表板

新建视觉对象信息图表设计，将指标分别拖拽至相应字段，取消与公司简称切片器的编辑交互，但注意不要取消与年度表的编辑交互，并优化视觉效果，如图 14-15 所示。

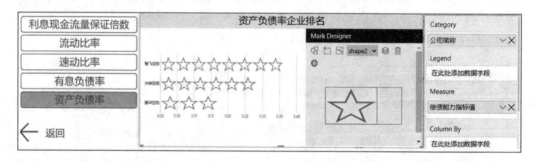

图 14-15　偿债指标排名

在设置对象格式里选择"常规"，单击标题的条件格式，将格式样式应用于"7-1 偿债能力"[偿债标题 3]字段，如图 14-16 所示。

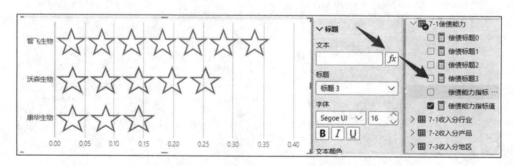

图 14-16　流动比率企业排名

最后，可以修改指标显示名称，美化页面整体布局和色彩搭配，完成整个偿债能力分析页面，如图 14-17 所示。

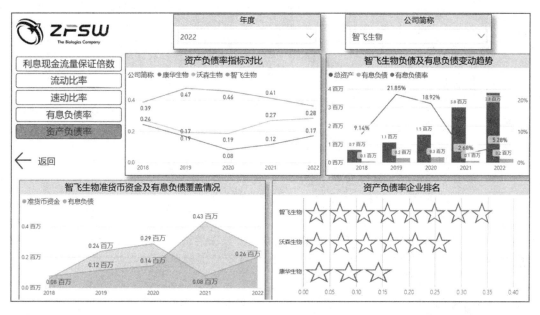

图 14-17　偿债能力仪表板

## 📖 资讯前沿

财政部部长刘昆：规范管理地方政府融资平台公司，<br>防范地方政府债务风险

中央经济工作会议要求，在有效支持高质量发展中保障财政可持续和地方政府债务风险可控。当前，社会各界高度关注地方政府融资平台问题。请问下一步财政部将如何加强地方融资平台管理，确保风险可控？财政部部长刘昆表示：中央经济工作会议明确要求，要更好统筹发展和安全，有效防范化解重大风险。财政部门坚持以"时时放心不下"的责任意识，加强政府债务管理，开"前门"、堵"后门"，牢牢守住不发生系统性风险的底线。

截至目前，全国政府债务余额占 GDP 的比重，也就是通常所说的负债率，低于国际通行的 60% 警戒线，也低于主要市场经济国家和新兴市场国家水平，风险总体可控。

规范管理地方政府融资平台公司，是防范地方政府债务风险的重要内容。财政部对此高度重视，主要做了三方面工作：

一是持续规范融资管理，严禁新设融资平台公司。

二是规范融资信息披露，严禁与地方政府信用挂钩。

三是妥善处理融资平台公司债务和资产，剥离其政府融资职能，防止地方国有企业和事业单位"平台化"。

下一步，我们将进一步打破政府兜底预期，分类推进融资平台公司市场化转型，推动形成政府和企业界限清晰、责任明确、风险可控的良性机制，促进财政可持续发展。

　　（资料来源：https://www.mof.gov.cn/zhengwuxinxi/caizhengxinwen/202301/t20230104_3861906.htm）

 技能操作

### 一、操作题

　　选择一家制造型企业上市公司及两家同行业对比分析公司，根据分析需要，完成偿债能力分析仪表板。

### 二、撰写分析结论

　　结合任务中偿债能力分析要点，对公司偿债能力作出评价。

　　1. 从短期偿债能力来看，三家公司对比情况如何？

　　2. 从长期偿债能力来看，三家公司对比情况如何？

　　3. 各财务指标近年有没有出现突然大幅度上下波动的情况，各项目之间有没有出现背离，或者出现恶化趋势？引起这些变化的原因是什么？请给出合理的评价。

 即测即练

自学自测　扫描此码

# 财务综合能力分析

模块十五

 **知识目标**

1. 掌握两种财务分析综合指标分析体系的计算与应用方法
2. 熟悉杜邦财务分析指标体系，能判断各指标间相互关系
3. 会运用沃尔评分法对企业信用水平作出评价

 **能力目标**

1. 能对企业财务状况作出全面判断与评价
2. 能够利用商业智能分析工具建立综合指标评价模型并制作动态交互可视化报告
3. 能够运用经营业绩综合评分法对企业绩效进行评价并撰写分析结论

 **素养目标**

1. 具备科学发展观、多维度的管理分析思维
2. 具备职业判断力、精益求精的工匠精神
3. 具备责任意识、创新思维，能给出战略决策建议

对企业财务状况综合评价的方法有很多，包括杜邦分析法、沃尔评分法等。运用科学的财务绩效评价手段，实施财务绩效综合评价，不仅可以真实反映企业经营绩效状况，判断企业的财务水平，而且有利于适时揭示财务风险，引导企业持续、快速、健康发展。

## 任务一　杜邦分析体系

**任务情境**

杜邦分析法，又称杜邦财务分析体系，简称杜邦体系，是利用各主要财务比率指标间的内在联系，对企业财务状况及经济效益进行综合系统分析评价的方法。这种分析方法最早由美国杜邦公司使用，故名杜邦分析法。杜邦分析体系以净资产收益率为分析起点，以总资产净利率和权益乘数为核心，重点揭示企业获利能力及资产结构对净资产收益率的影响，以及各相关指标间的相互影响和作用。

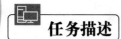 **任务描述**

完成杜邦分析体系仪表板，搭建基于净资产收益率的完整分析框架，经过对净资产收益率的逐级分解，覆盖公司经营活动的每个环节，以实现系统、全面评价公司经营成果和财务状况的目的。同时制作净利润与营业收入规模聚类分析仪表板，查看近年来三家公司净利润与营业收入的成长关系。

 **知识预备**

杜邦财务分析体系的特点是将若干反映企业盈利状况、财务状况和营运状况的比率按其内在联系有机地结合起来，形成一个完整的指标体系，并最终通过净资产收益率这一核心指标来综合反映。

## 一、净资产收益率的分解

杜邦财务分析体系中包含了几种主要的指标关系，可以分为两大层次。

**1. 第一层次**

（1）净资产收益率的分解：净资产收益率＝总资产净利率×权益乘数

（2）总资产净利率的分解：总资产净利率＝销售净利率×总资产周转率

以上关系表明，影响净资产收益率最重要的因素有三个（销售净利率、总资产周转率、权益乘数），即：

$$净资产收益率 = 销售净利率 \times 总资产周转率 \times 权益乘数$$

**2. 第二层次**

（3）销售净利率的分解：

$$销售净利率 = \frac{净利润}{营业收入} \times 100\% = \frac{营业收入 - 总成本费用}{营业收入} \times 100\%$$

（4）总资产周转率的分解：

$$总资产周转率 = \frac{营业收入}{平均总资产} = \frac{营业收入}{平均流动资产 + 平均非流动资产}$$

因此，杜邦公司开创性地提出了一种全新的思路：寻找净资产收益率的驱动因素。通过简单的因式分解，得到了传统的杜邦公式，即净资产收益率＝销售净利率×总资产周转率×权益乘数。三个驱动因素中，销售净利率是利润表的总结，代表了企业的盈利能力；总资产周转率是资产负债表的概括，反映了企业的营运能力；权益乘数是资产负债表的概括，代表了企业的财务状况。采用这一方法，可使财务比率分析的层次更清晰、条理更突出，为报表分析者全面仔细地了解企业的经营和盈利状况提供方便，如图15-1所示。

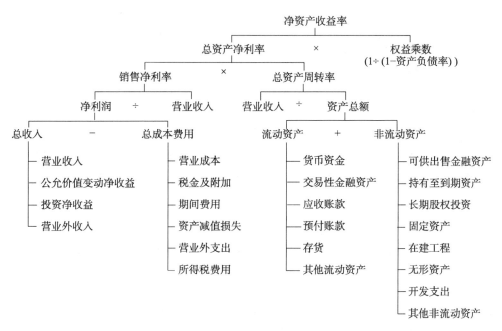

图 15-1 杜邦体系

## 二、杜邦分析关键指标

（1）净资产收益率。净资产收益率是综合性最强的财务指标，是企业综合财务分析的核心。这一指标反映了投资者的投入资本获利能力的高低，能体现出企业经营的目标。从企业财务活动和经营活动的相互关系来看，净资产收益率的变动取决于企业资本经营、资产经营和商品经营。所以净资产收益率是企业财务活动效率和经营活动效率的综合体现。

（2）总资产周转率。总资产周转率是反映企业营运能力最重要的指标，是企业资产经营的结果，是实现净资产收益率最大化的基础。企业总资产由流动资产和非流动资产组成，流动资产体现企业的偿债能力和变现能力，非流动资产则体现企业的经营规模、发展潜力和盈利能力。各类资产的收益性又有较大区别，如现金、应收账款几乎没有收益。所以，资产结构是否合理、营运效率的高低是企业资产经营的核心，并最终影响到企业的经营业绩。

（3）销售净利率。销售净利率是反映企业商品经营能力最重要的指标，是企业商品经营的结果，是实现净资产收益率最大化的保证。企业从事商品经营，目的在于获利，其途径只有两条：一是扩大营业收入，二是降低成本费用。

（4）权益乘数。权益乘数既是反映企业资本结构的指标，也是反映企业偿债能力的指标，是企业资本经营即筹资活动的结果，对提高净资产收益率起到杠杆作用。适度开展负债经营，合理安排企业资本结构，可以提高净资产收益率。

## 三、杜邦分析局限性

### 1. 忽视了企业的发展能力

传统的杜邦分析法反映了企业的盈利能力（销售净利率）、偿债能力（总资产周转率）

和营运能力（权益乘数），而没有关注到企业有关发展能力的相关评价。企业在实际运营过程中，过分追求报表上的高利润及盈利能力，会造成企业管理层重视短期行为，忽略企业长期的价值创造，从而忽略了企业真正的可持续发展能力，不能全面分析企业的财务和经营状况，不利于企业的长远发展。

**2. 没有区分金融活动损益与经营活动损益**

传统的杜邦分析体系不区分经营活动和金融活动。对于大多数公司来说，金融活动是净筹资，它们在金融市场上主要是筹资，而不是投资。筹资活动不产生净利润，是支出净费用。这种筹资费用是否属于经营活动费用，在会计准则制定过程中始终存在很大争议，各国的会计准则对此的处理不尽相同。

**3. 没有考虑企业长期价值**

过于关注短期财务结果可能会助长公司管理层的短期行为，忽视企业的长期价值创造。在市场环境下，杜邦分析法不能解决无形资产的估值问题，但企业的无形资产对提高企业的长期竞争力非常重要。

## 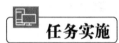 任务实施

### 一、数据源获取、整理清洗

数据源要用到三家公司资产负债表、利润表和现金流量表，在前期任务中已导入模型并整理好。

### 二、建立度量值

根据分析需要，并区别于单家公司度量值，建立[净资产收益率1]、[总资产净利率1]、[销售净利率1]、[权益乘数1]度量值。

净资产收益率 1 = DIVIDE([净利润 1], ([年初股东权益 1] + [股东权益 1])/2)

总资产净利率 1 = DIVIDE([净利润 1], ([年初总资产 1] + [总资产 1])/2)

销售净利率 1 = DIVIDE([净利润 1], [营业收入 1])

权益乘数 1 = DIVIDE([总资产 1], [股东权益 1])

总资产周转率 1 = DIVIDE([营业收入 1], ([年初总资产 1] + [总资产 1])/2)

### 三、制作杜邦财务分析仪表板

#### 1. 制作公司简称及年度切片器

新建两个视觉对象切片器，分别将"公司代码表"[公司简称]、"0 年度"[年度]拖拽至切片器内"字段"。以公司简称切片器为例，将两个切片器设置样式改为"下拉"菜单样式，选择"单项选择"，年度切片器排除 2018 年，并优化视觉效果，如图 15-2 所示。

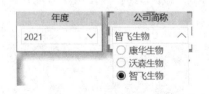

图 15-2　公司简称及年度切片器

**2. 制作各级财务指标卡片图**

制作杜邦体系中的财务指标,新建卡片图,将各财务指标的度量值拖拽至相应卡片图内,如图 15-3 所示。

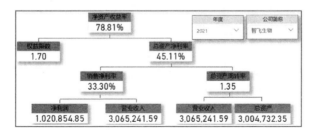

图 15-3　财务指标卡片图

**3. 制作净利润与营业收入聚类分析图**

新建视觉对象散点图,将"利润表_3 家公司"[净利润 1] 拖拽至 X 轴,"利润表_3 家公司"[营业收入 1]拖拽至 Y 轴,"公司代码表"[公司简称]拖拽至图例,"0 年度"[年度]拖拽至播放轴,并且取消与年度切片器、公司简称切片器的编辑交互,优化视觉效果,如图 15-4 所示。

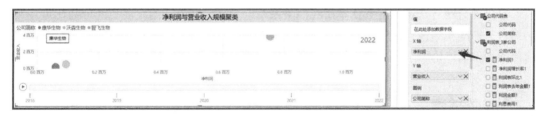

图 15-4　净利润与营业收入聚类分析

最后,美化页面整体布局和色彩搭配,完成整个杜邦分析体系页面,如图 15-5 所示。

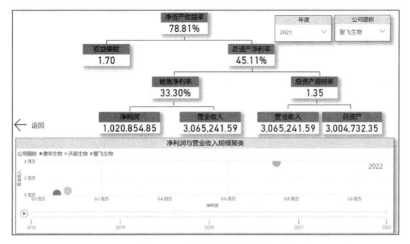

图 15-5　杜邦分析仪表板

# 任务二　综合指数法

进行企业经营业绩综合评价也可采用综合指数法，又称为沃尔评分法，即通过计算企业经营业绩综合指数或综合分数，反映企业总体经营业绩水平的高低。运用综合指数法进行业绩评价的一般程序或步骤包括选择业绩评价指标，确定各项指标的标准值，计算指标单项指数，确定各项标的权数，计算综合经济指数，评价综合经济指数。本任务以财政部颁布的企业经济效益指标体系为例，说明综合指数法的运用。

1928年，亚历山大·沃尔（Alexander Wall）出版的《信用晴雨表研究》和《财务报表比率分析》中提出了信用能力指数的概念，他选择了七个财务比率，即流动比率、产权比率、固定资产比率、存货周转率、应收账款周转率、固定资产周转率和自有资金周转率，分别给定各指标的比重，然后确定标准比率（以行业平均数为基础），将实际比率与标准比率相比，得出相对比率，将此相对比率与各指标比重相乘，得出总评分。书中还提出了综合比率评价体系，把若干个财务比率用线性关系结合起来，以此来评价企业的财务状况。

沃尔评分法将选定的财务比率用线性关系结合起来，并分别给定各自的分数比重，然后通过与标准比率进行比较，确定各项指标的得分及总体指标的累计分数，从而对企业的信用水平作出评价。

制作沃尔评分表，对选中的财务比率给定其在总评价中的比重（比重总和为100），然后确定标准比率，并与实际比率相比较，评出每项指标的得分，最后得出总评分。

## 一、选择评价指标并分配指标权重

盈利能力的指标：净资产收益率、销售净利率、净值报酬率、总资产收益率。
偿债能力的指标：自有资本比率、流动比率、资产负债率。
营运能力的指标：应收账款周转率、存货周转率、流动资产周转率、总资产周转率。
发展能力的指标：营业收入增长率、净利润增长率、总资产增长率。
按重要程度确定各项比率指标的评分值，评分值之和为100。
三类指标的评分值约为5∶3∶2。盈利能力指标三者的比例约为2∶2∶1，偿债能力指标和发展能力指标中各项具体指标的重要性大体相当。

## 二、确定各项比率指标的标准值

各项比率指标的标准值即各项指标在企业现时条件下的最优值。

## 三、计算企业在一定时期各项比率指标的实际值

资产净利率＝净利润÷平均总资产×100%

销售净利率＝净利润÷营业收入×100%

净资产收益率＝净利润÷平均净资产×100%

自有资本比率＝净资产÷总资产×100%

流动比率＝流动资产÷流动负债

应收账款周转率＝赊销净额÷平均应收账款余额

存货周转率＝产品销售成本÷平均存货成本

营业收入增长率＝营业收入增长额÷基期营业收入×100%

净利增长率＝净利增加额÷基期净利×100%

总资产增长率＝总资产增加额÷基期总资产总额×100%

## 四、形成评价结果

沃尔评分法的公式为：实际分数＝实际值÷标准值×权重。在最终评价时，如果实际分数大于 100，则说明企业的财务状况比较好；反之，则说明企业的财务状况低于同行业平均水平或者本企业历史先进水平等评价指标。

**任务实施**

### 一、选择评价指标并分配指标权重

参考财政部《企业效绩评价操作细则（修订）》中的企业效绩评价指标体系，建立评价指标和各评价指标的权数。

### 二、确定各项评价指标的标准值

财务指标的标准值一般可以行业平均数、企业历史先进数、国家有关标准或者国际公认数为基准来加以确定。标准是根据《企业绩效评价标准值（2009）》大型工业企业优秀值填列的。

### 三、计算企业在一定时期各项比率指标的实际值

相关数据根据所属分析公司基本财务比率计算结果取得。

### 四、对各项评价指标计分并计算综合分数

各项评价指标的计分按下列公式进行：

各项评价指标的得分 = 各项指标的权重 × (指标的实际值 ÷ 指标的标准值)
综合分数 = ∑各项评价指标的得分

### 五、形成评价结果

在最终评价时,如果综合得分大于 100,则说明企业的财务状况比较好;反之,则说明企业的财务状况低于同行业平均水平或者本企业历史先进水平等评价指标。例如,以医药行业为例,确定评价指标行业均值与权重如表 15-1。

表 15-1 沃尔评分体系

| 评价内容 | 权数 | 基本指标 | 评价步骤 | | | | |
|---|---|---|---|---|---|---|---|
| | | 指标 | 权数 | 标准值 | 实际值 | 关系比率 | 实际得分 |
| | | | (1) | (2) | (3) | (4)=(3)÷(2) | (5)=(4)×(1) |
| 一、财务效益状况 | 38 | 净资产收益率 | 20 | 8.30% | | | |
| | | 总资产收益率 | 14 | 8.00% | | | |
| 二、资产营运状况 | 18 | 总资产周转率 | 11 | 0.4 | | | |
| | | 存货周转率 | 11 | 3.8 | | | |
| 三、偿债能力状况 | 20 | 资产负债率 | 15 | 60.00% | | | |
| | | 已获利息倍数 | 9 | 3.3 | | | |
| 四、发展能力状况 | 24 | 营业收入增长率 | 10 | 9.50% | | | |
| | | 资本累积率 | 10 | 9.30% | | | |
| 合计 | 100 | | 100 | | | | |

### 六、沃尔评分法的局限性

沃尔的评分法从理论上讲有明显的问题,就是未能证明为什么要选择这七个指标,而不是更多或更少些,或者选择别的财务比率,以及未能证明每个指标所占比重的合理性。这个问题至今仍然没有从理论上得到解决。

沃尔评分法从技术上讲也有一个问题,就是某一个指标严重异常时,会对总评分产生不合逻辑的重大影响。例如某一单项指标实际值畸高,会导致最后总分大幅度增加,可能会掩盖情况不良的指标,从而给管理者制造出一种假象。

尽管沃尔的方法在理论上还有待证明,在技术上也不完善,但它还是在实践中被应用。有趣的是很多理论上相当完善的经济计量模型在实践中往往很难应用,而企业实际使用并行之有效的模型却又在理论上无法证明。这可能是人类对经济变量之间数量关系的认识还相当肤浅造成的。

### 📖 资讯前沿

#### 以创新提升企业综合实力

近年来,我国数字经济发展较快,在国民经济中的地位进一步凸显,成为经济增长的重要推动力量。新的环境特征和新的需求特点给品牌建设带来了机遇，也提出了挑战，品牌发展呈现广阔前景。

润泽科技发展有限公司创立于2009年，以高效、高性能、可持续经营的理念，为客户提供更加专业、优质的数据中心基础设施服务。历经12年发展，公司凭借在设计、建设、运维等方面的成熟管理体系及实践经验，为社会和用户打造稳定、安全、可靠的大数据关键基础设施，为多地数字经济发展提供支撑。

在数字经济时代推进品牌建设，企业主要有以下几个侧重点：

永葆初心。润泽科技自成立以来，明确了"以数字服务战略，用战略赋能数字"为导向，聚焦国内数据中心关键业务，最终实现做更优质的数据中心服务商的初心。

与时俱进。数字经济时代下，市场瞬息万变，面对消费者多样化的需求与激烈的市场竞争，品牌塑造要抓住时代机遇，与时俱进，创新性地借助数字化技术和手段，精准传播品牌信息。

丰富内涵。作为一家科技型企业，我们坚持以用户为中心，不断打造高水准的大数据中心关键基础设施，不断丰富企业的品牌内涵，传递价值，延续品牌生命力。

传承创新。一方面，要坚守品牌的文化基因，传承品牌核心价值理念；另一方面，也要关注现实需求，不断推进在服务、品牌营销、经营方式等方面的创新。

未来，润泽科技将继续坚持技术创新与服务创新，不断提升企业的综合实力，提高品牌的美誉度和影响力，把握大数据中心发展机遇，在推动经济高质量发展中作出新的贡献。

（资料来源：http://cpc.people.com.cn/n1/2021/1203/c64387-32298274.html）

 **技能操作**

**一、操作题**

选择一家制造型企业上市公司及两家同行业对比分析公司，根据分析需要，完成杜邦分析仪表板，制作沃尔评分表。

**二、撰写分析结论**

结合任务中的杜邦分析要点，对自己的上市公司财务综合实力作出评价。

1. 企业的投资者可以根据净资产收益率判断是否对该企业进行投资或是否继续持有该公司的股份，考察企业经营者的经营业绩，预测企业股利分配政策。净资产收益率指标对企业的管理者也至关重要，企业的管理者为改善财务状况和进行财务决策，需要运用该指标进行财务分析，将其逐级逐层进行分解，以找到问题产生的主要原因。

2. 通过对净资产收益率的分解，找出净资产收益率的改变是由于哪个项目变化引起的，这代表什么意义？你能提出何种改进措施？

3. 通过对总资产周转率、销售净利率与权益乘数的二级分解，找出财务指标变化的深层次原因，提出合理建议。

4. 制作公司沃尔评分表，并提出合理化建议。

即测即练

自学自测　[QR code]　扫描此码

# 撰写财务分析报告

模块十六

1. 了解财务分析报告的基本概念
2. 掌握财务分析报告的撰写步骤及方法

1. 能够利用大数据分析工具撰写财务分析报告
2. 能够正确解读财务分析报告

1. 能够独立分析问题和解决问题
2. 提升创新能力和数字素养
3. 具备诚实守信的品质

## 任务一　认识大数据财务分析报告

根据对企业的营运能力、盈利能力、偿债能力及发展能力的分析,经综合评估后,可以形成书面的财务分析报告。财务报告分析具有重要的意义,可以帮助利益相关者了解企业的财务状况、经营业绩、风险管理、价值评估等方面的信息,从而作出正确的决策。

了解企业财务分析报告概念、一般结构及内容,掌握财务分析报告的撰写步骤和撰写要求。

### 一、财务分析报告的概念

财务分析报告是企业依据会计报表、财务分析表及经营活动和财务活动提供的丰富、重要的信息及其内在联系,运用一定的科学分析方法,对公司的经营情况、资本运作情况作出客观、全面、系统的分析和评价,并进行必要的科学预测而形成的书面报告。

撰写财务分析报告的目的在于发现问题、提出解决方法或预防风险等,为公司领导了解企业财务状况及管理层的决策提供有用信息。

## 二、财务分析报告分类

（一）按报告内容和范围分类

可分为综合性报告、专项分析报告等。

综合性分析报告是对企业整体运营及财务状况的分析情况,具有内容丰富、涉及面广的特点,对财务报告使用者作出各项决策具有深远的影响。由于综合分析报告几乎涵盖了对企业所有财务计划各项指标的对比分析和评价,能够使企业的经营成果和财务状况一目了然,及时反映出存在的问题,给企业的经营管理者作出当前和今后的财务决策,以及投资者作出投资决策提供了科学依据,并且也可以作为今后进行企业财务分析的重要历史参考资料。

专项分析报告是针对某一时期企业经营管理中的某些问题或薄弱环节等进行专门分析而后形成的书面报告。它具有不受时间限制、一事一议、收效快的特点。因此,专题分析报告能总结经验,引起领导和业务部门重视所分析的问题,从而提高管理水平。专题分析的主题很多,比如企业清理库存、处理逾期应收账款的经验,对资金、成本、费用、利润等方面的预测分析,从而为企业的管理者作出决策提供现实的依据。

（二）按报告分析的时间分类

可以分为定期财务分析报告和不定期财务分析报告。

定期财务分析报告一般是企业内部规定的每隔一段时间应予编制的财务分析报告,如每半年、年末的财务分析报告。

不定期财务分析报告是从企业财务管理和业务经营的实际需要出发,不做时间规定而编制的财务分析报告。如专项分析报告就属于不定期财务分析报告。

## 三、财务报告的一般结构

企业财务分析报告根据内容的不同,其结构也不尽相同。以综合性分析报告为例,一般结构大致如下:

（一）标题

标题是对财务分析报告最精练的概括,不仅要确切体现分析报告的主题思想,而且要语言简洁、醒目。由于财务分析报告的内容不同,其标题也就没有统一标准和固定模式,应根据具体的分析内容而定。

（二）基本情况概述

基本情况概述包括企业的基本情况和财务活动情况,以及分析期内的重要事项的说明,概括地反映分析期内企业经营的基本面貌,让报告的使用者对企业财务状况有一个总体的认识。

（三）经营情况分析和财务评价

经营情况分析和财务评价应该对分析期内企业经营情况进行分析,将各项业务指标和财务指标与企业历史数据、行业数据、预算数据、标杆企业数据等进行比较；从业务角度出发，对影响指标增减变动及其与可比数据差异的原因进行分析，指出存在的问题等。

（四）总体评价和财务建议

总体评价和财务建议是在前述分析的基础上，评价企业总体运营情况，对未来发展进行预测。针对存在的问题，提出改进意见和建议。

## 一、理清财务分析报告撰写思路

（一）明确分析目的

明确财务分析的目的是后续工作的基础，以及通过财务分析工作要达到的目标及要解决的问题。同时，应明确财务分析报告的使用对象，针对不同使用者，报告的侧重点也不同。

（二）收集整理资料

确定分析目标后，需要收集必要的资料，包括本企业的业务数据（如生产、采购、物流、销售等业务部门数据）和财务数据，对标企业相关资料、行业数据等，并确保数据的准确性。搜集资料是一个调查过程，深入全面的调查是进行科学分析的前提。

（三）确定分析思路、拟定分析框架

根据分析目标理清分析思路，拟定分析框架；特别需要注意的是，根据财务分析报告提交的阅读对象的不同，报告框架和分析层次应有所差异。

（四）撰写报告

选择合理的分析方法，按照拟定的分析框架撰写财务分析报告。

## 二、注意事项与建议

财务分析报告应行文简明精练，避免长而不实，让报告使用者能够快速清晰地获取所需的信息；分析时应结合企业业务，用联系的观点客观看待问题，避免以偏概全；分析时可以辅以图、表等表达形式，使报告更直观易懂。

# 任务二 撰写财务大数据分析报告

根据上市公司的财务数据，结合财务分析方法，财务人员可以对企业的财务状况、经营业绩进行全面分析，并预测其未来发展趋势或针对薄弱点提出切实可行的改进建议。

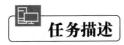

撰写一份大数据财务分析报告。

**任务实施**

报告的第一部分可针对所选择的上市公司做总体情况介绍，包括目标公司从事的主要业务、所处行业及行业基本情况、目标公司当前经营状况和基本财务状况等。

报告的第二部分可从盈利能力、偿债能力、营运能力、发展能力、综合分析等方面出发，选择合适的指标对目标公司做较全面分析，也可选择其中某个或某几个方面展开详细分析。对具体指标进行分析时，结合横向和纵向分析，既分析目标公司历年来变动趋势，也将目标公司的指标表现与行业平均水平、行业龙头企业或者其他可比企业等进行比较分析，从而更客观地评价目标公司的财务状况，了解公司在行业中所处位置。

报告的第三部分可结合公司的会计政策、报表附注及网络上其他公开资料对目标公司做深入分析，如对会计政策变更、项目异常变动等进行分析，发现潜在问题。

报告的第四部分是分析结论，根据前述分析，对目标公司未来的发展趋势作出预测，或者针对前述分析中的薄弱点，提出切实可行的改进建议。

 **技能操作**

根据前面完成的 Power BI 可视化分析文件，确定分析思路，拟定分析框架，撰写一份图文并茂的财务分析报告。

# 主要参考文献

[1] 张新民,钱爱民. 财务报表分析[M]. 北京:中国人民大学出版社,2019.
[2] 李曼,李志. 财务分析[M]. 北京:高等教育出版社,2019.
[3] 翁玉良. 财务报表分析[M]. 北京:高等教育出版社,2018.
[4] 刘义鹃. 财务分析:方法与案例[M]. 大连:东北财经大学出版社,2019.
[5] 张立军,李琼,侯小坤. 大数据财务分析[M]. 北京:人民邮电出版社,2022.
[6] 谷小城. 大数据技术在财务中的应用:Power BI 版[M]. 北京:高等教育出版社,2022.
[7] 汪刚. 财务大数据分析与可视化[M]. 北京:人民邮电出版社,2022.

# 教师服务

感谢您选用清华大学出版社的教材！为了更好地服务教学，我们为授课教师提供本书的教学辅助资源，以及本学科重点教材信息。请您扫码获取。

**》教辅获取**

本书教辅资源，授课教师扫码获取

**》样书赠送**

企业管理类重点教材，教师扫码获取样书

 清华大学出版社

E-mail: tupfuwu@163.com
电话：010-83470332 / 83470142
地址：北京市海淀区双清路学研大厦 B 座 509

网址：https://www.tup.com.cn/
传真：8610-83470107
邮编：100084